KB134478

The Path of the U.S.A.

미국의 길

The Path of the U.S.A.

미국의 길

김한훈, 강인영, 서기희 지음

우리 가족이 미국에 온 1970년대에 비하면 최근 미국에 오는 한국인들은 많은 정보를 얻은 후에 미국 생활을 시작합니다. 그러나 미국의 정서적 뿌리까지는 단시간에 알 수 없어 어려움을 겪는 이들 또한 적지 않습니다. 이 책은 미국 문화의 근본과 역사, 정치, 교육 시스템 등을 두루 짚어 주는 동시에 미국을 직접 겪어 온 한국인들과 현지 미국인들의 증언들을 담고 있습니다. '진정한 미국'을 책 한 권으로 들여다볼 수 있는 특별한 기회를 제공합니다. 미국을 더 자세히 알고 싶거나 미국 생활을 준비하는 이들에게 강력 추천합니다.

차상용 | 미국 내과 전문의

국내에 출판된 미국에 관한 소개서는 무수히 많으나 대부분 기존 자료들을 짜깁기 형태로 엮은 경우가 많습니다. 반면 이 책은 저자들의 체험과 현지에서 만난 각계각층 일반인들의 인터뷰를 통해 미국의 모습을 가감 없이 보여 줍니다. 교육, 비즈니스, 관광, 이민 등 미국행의 목적에 관계없이 미국을 접하고자 하는 모든 이들에게 이 책은 미국을 실감나게 체험할 수 있도록 해줄 것입니다.

안희준 | 성균관대학교 경영대학 부학장, 경영대학 교수

저는 미국에 온 지 벌써 29년이 지났지만 아직도 미국을 잘 모릅니다. 처음 미국에 와서는 좌충우돌하면서 어렵게 미국을 배웠습니다. 그러나 이번에 미국을 소개하는 책이, 그것도 저자들이 직접 경험한 것을 바탕으로 나온다고 하니 참으로 기쁩니다. 미국은 배울 것이 많은 나라입니다. 이 책을 통하여 미국을 조금이라도 더 빨리, 더 많이 알게 되시기를 바랍니다.

강희준 | 미국 내쉬빌 한인교회 담임목사

저자의 딸과 제 딸은 친구 사이인지라, 저는 미국 연수 중에 딸아이를 통해 저자와 자연스럽게 만날 기회가 많았습니다. 저자의 미국 사회, 문화, 교육, 역사, 정치 등 전 분야를 망라한 식견과 해박한 지식에 감탄해 늘 미국에 관한 책을 집필해 보라고 권유하곤 했는데, 이렇게 결실을 맺게 되어 기쁩니다. 이 책에는 미국에 대한 수박 겉핥기식의 지식이 아닌, 생동감 있는 산지식이 가득합니다. 과거, 현재, 미래의 미국을 만나기를 원하는 분들에게 이 책을 꼭 추천하고 싶습니다.

박준혁 | 제주대학교 정신건강의학과 교수

이 책은 단기 혹은 장기로 미국 생활을 하게 된 이들에게 자녀 교육, 문화생활, 여가, 정착 등에 관한 유용한 정보를 제공합니다. 저도 방문 교수 신분으로 미국에 온 뒤 이제 어느 정도 미국 생활에 익숙해졌습니다. 하지만 우리와 다른 미국인들의 생활과 사고방식 때문에 순간순간 불편함을 느끼곤 했습니다. 이 책은 제게도 미국이라는 나라를 보다 깊이 이해할 수 있도록 도와주었습니다. 미국에서의 풍요로운 생활을 계획하고 있다면 이 책을 읽는 것이 큰 도움이 될 것입니다.

김수인 | 이화여자대학교 의과대학 교수

미국에 온 지 10년 차에 접어드는 요즘, 미국에서 하루하루를 살아가고 있다고 해서 그 사회를 제대로 이해하는 것은 아니라는 것을 종종 느끼곤 합니다. 이 책을 읽고 난 후, 생활을 통해 모아 온 단편적인 정보들이 그 역사적, 사회적 맥락 위에 놓일 때 얼마나 더 새롭고 깊이 있는 지식으로 변환되는지를 새삼 깨달았습니다. 독자들은 이 책에 담긴 저자들의 생생한 체험, 다양한 사례, 사진 등을 통해 미국을 쉽고 재미있게 이해할 수 있을 것입니다. 뿐만 아니라 '정착 길라잡이'로 미국에 정착하는 데 실질적인 도움을 받을 수 있을 것입니다. 저처럼 미국을 어느 정도 알고 있다고 생각은 하면서도, 널려 있는 정보들을 전체적인 맥락과 체계 속에서 정리해 볼 기회가 없었던 분들에게 이 책을 추천합니다.

박태윤 | 미국 밴더빌트 대학 Owen 경영대학원 교수

미국에 산 지 8년째! 미국 생활은 잠시 머무는 여행 같았습니다. 또한 저는 미국의 이방인이라 느끼며 한국의 빠른 삶과 편리함, 그리고 한국에 있는 많은 친구들을 그리워하며 살아갈 것이라 생각했습니다. 하지만 이 책을 읽고 제 생각은 크게 변했습니다. 평생을 살기로 작정한 이곳! 미국을 알기 위해 이제껏 제가 한 것이 없음을 깨달은 것입니다. 이 책은 미국을 다양한 시선으로 살펴볼 수 있게 했고 이를 통해 낯설었던 미국의 문화를 이해하고 공감할 수 있었습니다. 미국 여행이나 이민을 계획하는 분들은 꼭 읽어 봐야 하는 책입니다. 특히 미국에 살지만 여전히 미국 생활에 힘겨워하는 분들에게 이 책을 권하고 싶습니다.

문지은 | 전(前) KBS 캐스터, 전 미국 애틀랜타 중앙방송 아나운서

이 책은 미국에서 살아가는 데 꼭 필요한 정보들을 담고 있습니다. 미국의 예비 거주자들이 안착하는 데 큰 힘이 되어 줄 것입니다. 특히 이 책의 저자들은 미국 생활을 통한 경험이 풍부할 뿐만 아니라, 미국 자체에 대한 지식도 해박합니다. 미국에 오기 전 저자와 인연이 닿은 덕분에 저는 열흘이라는 빠른 시간 안에 정착을 완료했습니다. 또 거주 중에 발생한 돌발 상황에 대해서도 미리 비슷한 상황을 연습해둘 수 있어서 큰 도움을 받았습니다. 미국에 갈 계획인데 사전에 조사할 시간이 없는 분들, 우리에게는 생경할 수 있는 미국 생활이 궁금하신 분들께 이 책을 추천합니다. **정성엽 | 삼성SDS, 미국 경영학석사(MBA) 과정**

|차례|

미국? 미국!

19세기를 대표하는 프랑스의 정치사상가 알렉시스 드 토크빌Alexis de Tocqueville은 1831년 미국을 방문했다. 미국의 교도소 제도와 정치 연구를 명분으로 미국을 방문했던 그는, 당시 유럽과는 다른 미국의 민주주의 제도에 큰 매력을 느꼈다고 한다. 미국 여행을 마치고 프랑스로 돌아온 토크빌은 미국에서의 통찰을 바탕으로 1835년 《미국의 민주주의Democracy in America》라는 책을 썼다. 시대를 초월한 고전으로 평가받는 이 책에서 토크빌은 미국을 '예외적 국가'로 묘사했다.

'예외적(exceptional)'이라는 표현은 사전적으로 '우월한' 또는 '독특한'이라는 의미다. 건국으로부터 239년(2015년 기준)밖에 지나지 않았지만 미국은 오늘날 정치, 경제, 군사 측면에서 세계 초강대국으로 손꼽힌다. 미국은 분명 우월한 국가임에 틀림없다. 물론 '미국 예외주의(American exceptionalism)'가 군사력을 기반으로 한 외교 노선을 정당화하는 도구로 활용되면서 국제 사회의 비판을 받는 것도 사실이다. 하지만 미국은 오늘날 세계 질서를 주도하는 이례적인 국가다. 또한 미국은 여느 국가들과는 달리 대형 할인 매장에서 총기를 구입할 수 있으며, 기독교적 가치관이 사회 곳곳에 영향을 끼치는 독특한 나라이다. 이러한 '예외적 국가'를 좋아하든 혐오하든, 2014년 한 해 동안 미국을 찾은 한국인이 145만 명에 육박한다는 사실은 미국이 토크빌에게는 물론 우리에게도 여전히 매력적인 나라라는 것을 보여준다. 그러나 미국 땅에 발을 딛는 이들 중 대부분은 미국에 도착한 순간부터 예기치 못한 어려움을 겪기 시작한다. 언어 문제와 문화 차이에서 비롯되는 문제가 대부분이다. 하지만 이 예외적인 국가와 미국인에 대해서 잘 모른다는 것이야말로 보다 근본적인 문제다.

그렇다면 미국을 올바로 이해하기 위해서는 어떻게 해야 할까? 미국의 사회, 문화, 교육, 역사, 경제, 정치를 균형있게 바라봐야 한다. 그래야 미국이라는 나라, 미국 사회, 미국인들을 유기적으로 이해할 수 있다. 이 책의 공저자들은 미국 유학생, 유학생의 배우자, 주 정부 산하기관 인턴, 미국 학교에 다니는 자녀를 둔 학부모, 여행객 등의 입장에서 미국 사회를 다각도로 경험하고 배웠다. 그렇기에 미국 방문자들뿐만 아니라 미국에 관심 있는 이들에게도 도움이 되는 지식과 정보, 상식을 이야기할 수 있다고 믿는다.

또한 다양한 배경을 지닌 미국인들을 직접 만나 그들의 생생한 테스티모니얼(testimonial, 증언)을 담음으로써 미국인이 말하는 미국을 함께 제시했다. 더불어 미국 이민자들과 유학생들의 테스티모니얼도 실어 독자들이 다양한 시각에서 미국 사회를 바라볼 수 있도록 노력했다. '한국인의 시선'으로 본 미국의 단면과 '미국인의 시선'으로 본 미국을 함께 조명함으로써

샌안토니오의 리버워크
서울시가 청계천 복원 사업 당시에 벤치마킹한 텍사스 주 샌안토니오(San Antonio)의 리버워크(River Walk).

미국과 미국인에 대한 더욱 올바른 정보와 풍부한 지식을 독자들에게 전하고자 했다.

　본문 중간중간에 실린 상세한 지식의 보고(寶庫) 〈상식 백과〉와 구체적인 인물의 삶을 통해 미국의 정치, 문화 등 각 분야를 짚어본 〈인물 탐구〉, 또 미국의 사회적, 문화적, 교육적, 역사적, 경제적, 정치적 맥락의 틀 속에서 여행지를 소개한 〈추천 명소〉는 테스티모니얼과 더불어 독자들에게 깨알 같은 '알 거리'를 선사할 것이다. 그런 점에서 이 책은 누구나 쉽게 이해할 수 있지만 내용이 결코 가볍지 않은 미국 필독서가 될 것이라 확신한다.

이와 함께 미국에서 생활할 때 겪을 수 있는 문제들의 해결 방안과 일상 밀착형 정보를 일목요연하게 전함으로써, 독자들이 미국 정착 초기의 시행착오를 줄이고 빠른 시일 내에 안정된 생활을 할 수 있도록 〈정착 길라잡이〉를 마련했다.

모쪼록 이 책이 미국에 발을 내딛는 이들뿐만 아니라 미국에 관심 있는 모든 이들에게 앎을 통한 기쁨과 즐거움을 선사하기를 바라며, 미국 이야기의 첫 페이지를 열어 본다.

1장

미국의 사회와 문화 1부 : 미국의 정신과 정체성

뉴스를 통해서 비춰지는 미국은 각종 사건·사고가 끊이지 않는 나라다. 어쩌면 그다지 가고 싶지도 않고, 살고 싶지도 않은 나라일지도 모른다. 게다가 '일회용품의 천국'이라는 오명을 가지고 있으면서도 환경보호 선진국임을 자처하는, 뭔가 앞뒤가 맞지 않아 보이는 나라가 미국이다. 또 종교성이 강한 국가임을 자부하면서도 백악관에서 스캔들이 터져 나오는 걸 보면 그다지 도덕적인 나라인 것 같지도 않다.   그러나 이러한 미국의 이면에는

미국 사회를 견고히 지탱하고 있는 힘   이 있다. 그것

은 바로 동요되지 않는 미국의 정신   이다. 미

국이 오늘날에도 초강대국의 지위를

유지할 수 있는 것은 고유한 정신적 가

치 덕분이다. 바로 그 고유한 정신적 가치

는 미국인의 사고와 행동 양식의 기준이 되

며, 국가의 방향을 제시한다. 이제 신대륙 개

척 시대부터 면면히 내려오는 미국의

정신적 가치를 통해 미국 사회

를 다시 한번 바라보자. 그러면 미

국의 정체성이 새롭게 다가올 것이다.

1. 미국 정신의 뿌리 파헤치기

미식축구에 담긴 개척 정신

'스포츠의 나라' 미국에서 가장 인기 있는 스포츠는 프로 미식축구(NFL)
다. 2014년 12월 여론조사 기관인 해리스 폴이 가장 좋아하는 스포츠에
대한 온라인 설문 조사를 실시한 결과, 응답자의 32퍼센트가 프로 미식축
구를 가장 좋아한다고 답했다. 프로야구(MLB)가 16퍼센트로 2위, 대학 미
식축구가 10퍼센트로 3위였다. 특히 미국 프로 미식축구 양대 리그 우승
팀이 챔피언을 가리는 '슈퍼볼(Super Bowl)'은 미국 내에서만 1억 2000만
명이 TV 시청을 할 만큼 그 열기가 엄청나다. 흥미로운 것은 영화, 음악,
문학, 스포츠 등 미국에서 인기 있는 대중문화 컨텐츠는 보통 세계 어느
곳에서든 통하기 마련이다. 하지만 미식축구만은 예외다. 프로 미식축구
는 북아메리카에서만 통하는 독특한 스포츠로 자리매김했다.

그렇다면 미국인들은 왜 이렇게 미식축구를 좋아할까? 미식축구의 경
기 방식에서 그 답을 찾아보자. 미식축구는 길이 120야드(약 110미터), 폭
53.33야드(약 49미터)의 직사각형 경기장 안에서 격렬한 몸싸움을 반복하
며 돌격하는 거친 게임이다. 다치는 선수가 속출하더라도 네 번의 공격에
10야드(약 9미터) 이상을 과감히 전진해야 한다. 이러한 호전적인 경기 방

개척 정신의 문화 코드가 고스란히 담겨 있는 미식축구의 역동적인 모습

식은 척박한 땅을 일구며 매일매일 전투와 같은 삶을 살아야만 했던 초기

이민자들의 개척 정신과 맞물린다. 뿐만 아니라 서부 개척 시대에 백인들

이 영토를 확장하면서 인디언들과 전투했던 장면도 연상시킨다. 이와 관

련해 휘티어 칼리지(Whittier College)의 조셉 프라이스Joseph L. Price 교수는

미식축구 경기의 목적은 남의 영토를 정복하는 것이며, 미식축구는 이러

한 개념에 기반을 둔 미국 개척 정신의 현대적 발현이라 하였다.

미국의 역사는 '개척의 역사'다. 새로운 땅에서 새로운 삶을 일구겠다는 개척 정신 하나로 유럽에서 북아메리카 대륙으로 건너와 삶의 터전을 일 군 이민자들이 세운 나라가 미국이다. 미식축구에는 이와 같은 개척 정신 의 문화 코드가 고스란히 담겨 있다. 그렇기 때문에 유독 미국인들만 슈퍼 볼에 열광하는 것이다. 이러한 개척 정신은 청교도주의와 함께 미국의 근 본 정신으로 자리 잡고 있다.

 인물 탐구: KFC 창업자 커널 샌더스의 개척 정신[1]

패스트푸드 업체 KFC를 창업한 이는 커널 샌더스Colonel Sanders로 알려진 할랜드 샌 더스Harland D. Sanders다. 샌더스는 1929년 자신이 운영하던 켄터키 주 코빈의 주유소에 식탁 하나와 의자 여섯 개를 놓고 음식을 만들어 팔기 시작했다. 그는 자신이 만든 닭 요 리가 인기를 끌자 '샌더스 카페(Sanders Cafe)'를 열고 닭 요리법을 발전시켰다. 그러나 1955년 고속도로가 샌더스 카페를 우회해 건설될 것으로 발표되자 샌더스는 1956년 레 스토랑을 7만 5,000달러에 팔아 빚을 청산했다.

빚 청산 후 그에게 남은 돈은 사회 보장 수표로 받은 105달러뿐이었다. 65세에 모든 것을 잃었지만, 샌더스는 다시 사업에 뛰어들었다. 그는 자신의 닭 요리법을 사줄 사람들 을 찾아 미국 전역을 돌아다녔다. 그리고 수많은 거절 끝에 결국 KFC 프랜차이즈 사업에 성공했다. KFC 체인점은 1960년에 미국과 캐나다에서 190개로 늘어났다. 1964년 샌더 스는 KFC를 200만 달러에 매각했다. 이후 KFC 홍보대사로 활동했던 샌더스는 1980년 12월 켄터키 주 루이빌에서 향년 90세로 세상을 떠났다.

오늘날 전 세계 KFC 매장 앞에는 검정 끈으로 된 넥타이에 흰색 정장을 입고 지팡이 를 팔에 건 할아버지 인형이 서 있다. 이 인자한 미소를 짓고 있는 인형의 모델이 샌더 스다. 거듭된 사업 실패와 아들을 잃은 큰 아픔을 겪은 샌더스였지만, 역경을 딛고 일어 나 꿈을 이룬 그를 미국인들은 성공한 개척자로 인정하고 존경한다.

켄터키 주 루이빌(Louisville) 방문객 센터에 전시된 샌더스 밀랍 인형

켄터키 주 루이빌(Louisville) 거리의 가로등 배너

커널 센더스를 루이빌의 오리지널 딥 셰프(Louisville's "original" top chef.)로 소개하는 가로등 배너가 거리에 설치되어 있다.

체면보다 실용을 중시하는 미국인

미국인들은 불편하지 않으면 바꾸거나 고치려고 하지 않는다. 체면보다는 실용성과 합리성을 중시하기 때문이다. 19세기 후반부터 20세기 초까지 미국의 지배적인 사상이 된 실용주의도 이러한 합리주의 문화를 형성하는 데 일조했다. 사회 전반적으로 실용성에 바탕을 둔 합리주의가 흐르기 때문에 미국인들은 남의 시선을 크게 신경 쓰지 않는다. 예컨대 타인에게 피해를 주지 않는다면 자신이 편한 대로 옷을 입는다. 쫙 달라붙는 타이츠를 입은 채 아이를 데리러 학교에 오는 학부모들의 모습이 자연스러운 나라가 미국이다. 털모자와 스웨터에 반바지를 입고 다녀도 아무도 이상하게 쳐다보지 않는다. 불편을 느끼지 못한다면 범퍼가 찌그러진 차를 그냥 몰고 다니는 사람들도 많다. 페이스북의 창시자인 마크 저커버그Mark Zuckerberg가 소유한 차량 또한 이러한 합리주의의 일례를 보여준다. 전 세계에서 손꼽히는 30대 부자인 저커버그가 애용하는 차량은 3만 달러짜리 기본급 세단이다. 그에게 좋은 차는 비싼 차가 아닌 실용적인 차라는 것을 보여 주는 예이다.

미국의 대표적인 음식인 햄버거에도 실용성을 중시하는 미국인들의 식문화가 담겨 있다. 서부 개척 시대에는 남성들뿐만 아니라 여성들도 요리나 가정 일보다 황무지를 개척하는 데 주력해야 했다. 때문에 음식을 한꺼번에 조리해 한번에 먹을 수 있는 햄버거나 샌드위치가 주식이 되었다. 오늘날에도 바쁜 일상생활에 쫓기며 살아가는 미국인들은 식사 시간을 절약하면서 빨리 포만감을 느낄 수 있는 음식을 찾는다. 많은 미국인들이 하루

전깃줄에 매달린 신호등

전깃줄에 매달려 있는 신호등은 한국 사람들이 놀라워 하는 것 중 하나다. 보기에는 좀 그렇지만 강풍이 불어도 끄떡없는 꽤 실용적인 신호등이다.

에 한 끼 정도 패스트푸드를 먹는 것 또한 이와 같은 맥락에서 이해할 수 있다.

개인주의가 강한 나라 미국

미국인들은 개인주의 성향이 강하다. 개인의 자유와 권리를 중요하게 여기기 때문에 자주적이고 독립적이다. 이는 네덜란드의 사회심리학자 게 에르트 홉스테드Geert Hofstede의 연구 결과로도 증명되었다. 50개 국가를 대상으로 한 홉스테드의 연구에 따르면, 개인이 집단보다 스스로를 우선시하는 정도를 나타내는 척도인 개인주의 지수가 미국은 91점(한국은 18점)으로 조사 대상 국가 중 가장 높았다(Hofstede, 1983). 실제로 미국인들은 부유한 가정에서 자랐더라도 일정 나이가 되면 시간제 근무를 통해 경제적 관념을 배우는 것을 당연하게 생각한다. 또 독립적인 개인으로서 스스로 직업을 선택하고 결혼 문제를 결정한다. 많은 미국 학생들이 고등학교를 졸업하면 부모로부터 독립한다. 물론 예외는 있지만 대부분 다른 주에서 대학 생활을 시작하면서 자연스럽게 지리적, 심리적, 경제적으로 독립하게 된다. 때문에 미국인들은 대학교 졸업식보다 고등학교 졸업식에 더 큰 의미를 부여하며, 학교 측에서 주최하는 고등학교 졸업 파티인 '프롬 파티(Prom Party)'를 성대하게 치른다. 부모들도 독립해 떠나가는 자녀들을 위해 크고 작은 파티들을 열어 축하해 준다.

또한 미국인들은 프라이버시를 중요한 가치로 여기기 때문에, 자신의 사생활이나 사적인 일과 관련하여 타인에게 간섭받는 것을 싫어한다. 간혹 개인주의를 이기주의와 유사한 개념으로 혼동해 부정적인 의미로 받아들이는 경우가 있다. 하지만 개인주의와 이기주의는 의미가 엄연히 다르다. 이기주의는 자신만을 중요하게 생각하는 반면, 개인주의는 자신을 포함한 타인의 자유와 권리를 동등하게 존중하는 것이다. 때문에 미국인들 중 진정한 개인주의를 추구하는 이들은 합리적이며 이성적으로 행동한다. 상호성에 기초해 개개인의 공존을 모색하는 시민 의식을 지향하기 때문이다. 이러한 시민 의식은 공권력에 대한 존중과 엄격한 법 집행으로 더욱 탄탄해진다. 내가 원칙을 지키고 타인에게 피해를 주지 않았을 때 나도 똑같이 존중받을 수 있다는 의식은 성숙한 개인주의의 실현을 가능하게 한다.

테스티모니얼: 대다수의 미국인들이 듣기 꺼려하는 질문들
Most Americans would prefer not to be asked

개인적인 생각이지만 일반적으로 대다수의 미국인들은 아래와 같은 사생활과 관련한 몇 가지 질문들을 꺼려한다.

In general, the following questions related to privacy are a few that most Americans (in my opinion) would prefer not to be asked:

1. 임신하셨어요?

미국 여성들은 이 질문을 듣는 것을 좋아하지 않는다. 임신했냐고 묻는 것 자체가 자신이 뚱뚱하게 보인다는 것을 방증하기 때문이다. 심지어 임신한 여성마저 대개 눈에 띄게 살쪄 보인다는 말을 듣고 싶어 하지 않는다. 임신하지 않은 여성들에게 이 같은 질문은 본인이 분명 평소보다 더 살쪄 보인다는 의미이기 때문에 더 불쾌할 수밖에 없다.

1. Are you pregnant?

American women do not like to be asked this question because it implies they look fat. Even if a woman is pregnant, most usually prefer to not be told that they look visibly larger. If a woman is not pregnant, then the question is particularly offensive, because it means they definitely look larger or fatter than usual.

2. 살찌셨어요?

오랫동안 살이 쪄 있던 내게 이 같은 질문은 참으로 곤혹스럽다. 이전에 내가 살이 쪘을 때 나는 그것에 매우 민감했고, 내가 살이 쪘다는 사실이 너무 싫었다. 그래서 살을 빼려고 노력했다. 누군가가 내게 혹시 살쪘냐고 물어보는 것은 내가 정말로 살쪄 보인다는 것을 다시 확인시켜 주는 것일 뿐이다. 미국에 사는 사람들 중 대부분이 살과의 전쟁을 하고 있다. 그리고 그들은 이러한 몸부림이 다른 사람 눈에 띄지 않고 사적인 영역으로 남기를 원한다. 살찐 사람이 먼저 몸무게에 대한 얘기를 꺼내지 않는 한 몸무게 얘기를 해서는 안 된다.

2. Did you gain weight?

As a person myself who has been overweight for much of his life, this is not a question I like to be asked. When I have gained weight in the past, I am usually very aware of it, not happy about it, and trying to lose it. When a person asks me if I have gained weight, it just confirms that I do indeed look larger. Many people in the United States struggle with weight, and I think most would prefer their struggles to go unnoticed and to remain personal. In all cases, the person who has gained the weight should initiate any discussion related to weight gain.

3. 아이는 언제 가지실 거예요?

이 질문에는 아이를 가져야 하는데 왜 아직도 아이가 없냐는 뜻이 담겨 있다. 게다가 매우 개인적인 내용을 답하도록 유도하고 있다. 젊은 사람들의 경우 아직 아이를 원하지 않을 수 있고, 아예 자녀 계획이 없는 사람이 있을 수도 있다. 또는 아이를 정말 갖고 싶지만 임신이 잘 되지 않아 아기를 갖지 못하고 있는 경우도 있을 수 있다. 때문에 이 같은 개인적인 질문은 정말 가까운 몇몇 사람을 제하고는 묻지 않는 것이 좋다.

3. When are you going to have a baby?

This question usually implies that the person should have a baby soon, and why have they not already had one? The answer is often very personal, ranging from not wanting a baby yet (for younger people), not wanting a baby at all, or trying desperately to have a baby, but cannot get pregnant. It is a personal question that most would prefer to not be asked, except perhaps by a few close people.

4. 혼자 사는 사람에게 "외롭지 않니?"

확신하건대 누군가에게 외롭지 않냐고 묻는 것은 안 하느니만 못한 결과를 낳는다. 특히 남성의 경우 누군가에게 외롭다고 말하는 것은 유약하고 남자답지 못한 것으로 비쳐진다. 이는 미국 남자들의 양육 과정에서는 권장되지 않는 모습이다. 설령 혼자 사는 사람이 정말 외롭다 하더라도, 이는 자신의 선택에 의한 것이 아닐 수도 있다. 그리고 당사자는 이미 누군가를 정말 열심히 만나려고 노력하는 중일 수도 있다. 혼자 사는 사람이 이 같은 질문을 받는다면 스스로가 더 외롭다고 느끼며 상심할 수 있다. 누군가는 혼자 사는 것을 즐길 수도 있고, 전혀 외로움을 느끼지 않을 수도 있다. 또 이 질문에 대한 답변은 명쾌할 수가 없다. 그게 사실이든 아니든 혼자 살면서도 외롭지 않고 행복하다고 답할 수 있기 때문이다.

4. To single people: "Aren't you lonely?"

This is something, I believe, most prefer not to share with other people. For men, saying to another person that we are lonely makes us sound weak or "unmanly," — something which an America upbringing for most men does not encourage.

Even if a single person is lonely, perhaps this is not by choice and perhaps they are trying very hard to find somebody. Being asked the question by another person might only make them feel worse about an already difficult situation.

Other people might enjoy being single and are not lonely at all. One is not likely to get a clear answer to this question, as a person who is lonely will likely just say they are happy and not lonely, regardless of whether or not this is true.

아담 클락Adam Clark | 피아니스트 겸 교수

미국 건국의 정신 기독교

미국의 수정 헌법 제1조는 종교의 자유를 보장한다. 특정 종교를 국교로 공인해 일부 사람들만 믿는 종교가 소외되는 일은 없도록 했다. 그러나 미국이 탄생할 때부터 지금까지 기독교는 미국 사회 곳곳에 지대한 영향을 미치고 있다. 1620년 영국 청교도들이 신앙의 자유를 찾아 메이플라워호를 타고 매사추세츠 주 플리머스에 식민지를 건설했을 때부터 기독교는 미국의 건국이념이자 정신이 되었다. 이와 관련하여 하버드 대학 교수였

파크 스트리트 교회

1809년 설립된 매사추세츠 주 보스턴의 파크 스트리트 교회(Park Street Church)는 노예제도 폐지 운동 지도자인 윌리엄 개리슨William Garrison이 1829년 미국에서 처음으로 노예제도 반대 연설을 한 곳이다.

던 페리 밀러Perry Miller는 그가 편집한 책《미국 청교도*The American Puritans*》에서 "청교도주의에 대한 어느 정도의 이해 없이는 미국을 이해할 수 없다."라고 했다.

　오늘날 '바이블 벨트(Bible Belt)'라 불리는 미국 남부 지역은 여전히 기독교적 색채가 두드러지며, 성경(Bible)을 삶의 기준으로 삼는 미국인들이 많다. 한발 더 나아가 매사추세츠 만 식민지의 초대 총독 존 윈스럽John Winthrop이 건설하고자 했던 신앙 공동체를 미국은 지향해야 한다고 주장하는 이들도 있다. 미국 '건국의 아버지' 중 한 명인 벤저민 프랭클린Benjamin Franklin은 기독교 정신에 부합한 근면, 성실, 절제, 겸손 등 미국 정신의 근간이 된 13가지 덕목을 수첩에 적어서 가지고 다니며 실천한 것

파크 스트리트 교회

으로 알려져 있다.

일을 신의 소명으로 믿는 기독교의 청교도 정신이 미국 사회에 이어져 내려오면서, 미국인들 중에는 자신의 직업을 소명으로 생각하는 사람들도 적지 않다. 직업을 뜻하는 영어 단어 'vocation'은 '부르다'라는 뜻을 지닌 라틴어 'vocare'에서 유래한 것이기도 하다. 무엇보다 미국의 자본주의 정신은 근면과 절제를 강조한 기독교의 청지기 정신(Stewardship, 하나님이 자신에게 맡기신 것을 충성스럽게 관리하는 것)을 근간으로 한다. 이와 관련해 감리교 창시자인 존 웨슬리John Wesley는 1744년 '돈의 사용(The Use of Money)'이란 제목의 설교에서 세 가지 재정 원칙을 제시했다. 첫째, 자신과 남에게 해를 끼치지 않는 선에서 벌 수 있는 만큼 열심히 버는 것이다(Gain all you can). 둘째, 아낄 수 있는 만큼 최대한 아껴 쓰는 것이다(Save all you can). 셋째, 나눌 수 있는 만큼 많이 나누는 것이다(Give all you can). 나눔은 자선이 아니라 의무라고 말한 웨슬리의 청교도적 재정 원칙은 오늘날 미국 사회의 기부 문화에 큰 영향을 끼치고 있다.

 인물 탐구: 청교도 지도자 존 윈스럽

영국 출신의 변호사 존 윈스럽은 1630년 청교도들을 이끌고 매사추세츠 만 식민지로 건너와 오늘날 미국 민주주의의 원형을 이룬 타운 공동체를 건설했다. 총 12차례나 매사추세츠 만 식민지 총독으로 뽑혔던 존 윈스럽은 신대륙으로 항해하는 아벨라 호 선상에서 청교도들에게 그가 건설하고자 한 신앙 공동체의 모습을 설교했다. '기독교적 사랑의 모델(A Model of Christian Charity)'이라는 제목의 선상 설교에서 그는 청교도 공동체의 모습을 성경 마태복음 5장 14절에 나오는 '언덕 위의 도시(A city upon a hill)'로 표현했다. 미국 건국 이념의 아버지라 불리는 존 윈스럽은 모든 사람들이 추앙하는 '언덕 위의 도시'를 세우고자 했던 것이다.

킹스 채플 묘지의 존 윈스럽 묘비

킹스 채플 묘지

존 윈스럽은 1649년 보스턴에 위치한 '킹스 채플 묘지(King's Chapel Burying Ground)'에 묻혔다. 1630년에
조성된 킹스 채플 묘지에는 존 윈스럽을 포함한 많은 초기 청교도들이 묻혀 있다.

테스티모니얼: 미국 교회의 특징

미국의 많은 신학자들은 미국 교회의 특징을 설명하는 키워드로 'Voluntarism'을 꼽습니다. '자발적인 참여'를 뜻하는 Voluntarism은 신앙의 자유를 찾아 신대륙으로 건너온 17세기 영국의 청교도들이 남긴 미국 교회의 신앙적 유산입니다. 유럽의 경우, 역사적으로 정부와 교회가 긴밀하게 연결되어 있기 때문에 영국의 성공회 교회, 독일의 루터파 교회, 이탈리아의 가톨릭 교회처럼 국교회의 개념이 있습니다. 하지만 미국의 경우, 청교도들의 정착 시대부터 종교의 자유를 철저하게 보장했고, 각 주별로 다양한 교단이 자체적으로 자유롭게 활동할 수 있도록 허락했습니다. 그 결과 오늘날에도 미국 교회에서는 교인들에게 모임에 참여하거나 봉사할 것을 강요하지 않습니다. 철저하게 개인의 자발적인 의사와 참여에 의해서 신앙생활을 하는 것이 미국 교회 안에 있는 Voluntarism의 유산입니다.

제가 보스턴에서 공부하며 6년간 사역했던 댄버스 제일침례교회(First Baptist Church of Danvers)는 미국 북동부 지역의 전형적인 평범한 교회였습니다. 200년이 넘는 역사를 자랑하며, 아름다운 성전을 가진 교회였지만 매주 일요일 예배에 출석하는 교인은 대략 30-40명 정도에 불과했습니다. 미국 북동부 지역 교회들의 평균 교인 수는 30-40명이므로, 교회가 자체 예산으로 풀타임 목회자를 사례하는 것이 쉽지 않습니다. 때문에 많은 미국 목회자들은 교회 사역 이외에 파트타임 일을 하고 있습니다. 이것은 목회자와 교인 사이의 삶의 괴리감을 줄이는 데 도움이 되기도 합니다. 그 결과 미국 목회자들의 설교는 실제 삶의 현실적인 이슈들을 신앙 안에서 고민하고 다루고자 하는 노력이 역력한 경우가 많습니다.

미국 교회에 대한 한 가지 흥미로운 사실은 교회의 등록 교인이 되는 과정이 매우 중요하고 조금 까다롭기까지 하다는 것입니다. 한국 교회는 교회를 방문한 당일에 등록 교인이 될 수 있지만, 미국 교회는 보통 4~5주 과정의 등록 교인 클래스를 들어야 합니다. 아울러 담당 목회자는 등록 교인의 사회적, 영적 상태에 대한 책임을 함께 집니다. 어느 교인이 다른 교회에서 옮겨 온 경우, 담당 목회자는 이전 교회 목회자에게 연락을 해서 과거에 특별한 문제가 없었는지, 새로운 교인으로 등록해도 될지에 대한 자문을 구합니다. 그래서 한국에서는 가장 부정확한 통계가 교회의 등록 교인 통계라고 하는 반면(이중, 삼중으로 중복된 경우가 많기 때문에), 미국에서는 가장 정확한 통계 중 하나가 바로 등록 교인 통계라고 합니다.

문대원 목사 | 보스턴 대학 박사과정

2. 미국의 기독교 들여다보기

사회 저변에 깔린 기독교 문화

미국인들은 대체로 기독교를 일종의 삶의 형태로 받아들이며 살고 있다. 세상에 태어나면 교회에 가서 세례를 받고, 교회에 나가 이웃들과 교제하며, 교회에서 결혼하고 장례를 치른다. 개신교의 성직자인 목사는 지역사회의 정신적 어른으로 주민들의 고민을 들어 주거나 문제를 해결해 주는 역할도 담당한다.

기독교 정신을 바탕으로 설립된 비영리단체인 YMCA(Young Men's Christian Association)는 현재 미국에서 다양한 생활 스포츠 프로그램을 통해 기독교 정신을 전파하고 있다. 미국 전역에는 약 2,400개의 YMCA 센터가 있으니, 웬만한 동네에는 YMCA 센터가 있다고 보아도 된다. YMCA 센터는 소득수준에 따라 연회비를 차등적으로 적용하기 때문에, 경제적으로 어려운 사람들도 비용 부담 없이 헬스, 수영, 농구 등을 즐길 수 있다.

이뿐만이 아니다. 미국의 초대 대통령인 조지 워싱턴George Washington 때부터 오늘날까지 미국의 모든 대통령들은 취임식 때 성경에 손을 얹고 선서를 한다. 취임 선서 마지막에는 "하나님이여 나를 도우소서(so help me God)."라는 구절을 낭독한다. 미국 지폐에는 국가 표어인 '우리는 하나님을 믿습니다(IN GOD WE TRUST)'라는 문구가 새겨져 있다. 우리나라의 국기에 대한 경례와 비슷한 의식인 '국기에 대한 맹세' 문구에도 '하나님 아래(under God)'라는 말이 들어 있다. 이처럼 미국 사회 안에서 기독교 정신과 기독교의 영향력은 어느 곳에서나 쉽게 접할 수 있다.

• 국기에 대한 맹세

나는 미합중국의 국기와 그 국기가 상징하는 공화국에 충성을 맹세합니다. 하나님 아래 갈라질 수 없는 하나의 국가로서, 모든 이들을 위한 자유와 정의가 함께 하는 공화국에 대해 충성을 맹세합니다.

I pledge allegiance to the Flag of the United States of America, and to the Republic for which it stands, one Nation under God, indivisible, with liberty and justice for all.

테스티모니얼: 기독교 정신으로 운영하는 체조 학원
"Let It Shine Gymnastics"

1년 전 미국에 온 이후, 아이가 한국에서 경험해보지 못했던 방과 후 수업을 받게 하고 싶었다. 고민 끝에 선택한 방과 후 수업은 체조였다. 딸아이가 다닌 'Let It Shine Gymnastics'는 YMCA처럼 기독교 정신으로 운영하는 체조 학원이다. 마태복음 5장 16절의 '이같이 너희 빛이 사람 앞에 비치게 하여(Let it shine) 그들로 너희 착한 행실을 보고 하늘에 계신 너희 아버지께 영광을 돌리게 하라'라는 말씀에서 학원 이름을 지었음을 알 수 있다. 실제로 체조 학원 벽에는 이 성경 말씀이 크게 붙어 있다. 체조 강사들은 아이들 준비운동이 끝나면 둥글게 모여 앉게 한 후 성경 말씀을 읽어 주고 다 같이 기도를 한 후 수업을 시작한다. 이때 아이들이 기도하는 경우도 있다.

동네 체조 학원답지 않게 체조장의 규모는 축구장만큼 크다. 평행봉, 이단 평행봉, 링, 마루 운동, 안마, 도마와 같은 올림픽 체조 종목의 기구들뿐만 아니라, 트램펄린,

밧줄 타기, 실내 암벽 등반 시설 등도 갖춰져 있다. 이러한 시설에서 유아들부터 고등학생들까지 수많은 남녀 아이들이 체조 연습을 한다. 체조장 바닥은 떨어져도 다치지 않도록 푹신한 스펀지로 되어 있다.

체조 강사 한 명 당 7~8명의 학생들이 한 반을 이루고서 수업을 한다. 어려운 동작을 할 때에는 강사가 한 명씩 붙어 자세를 잡아준다. 강사들은 아이들이 지루할 새 없이 여러 동작을 연습시키며, 아이들이 성공할 때마다 큰 소리로 하이파이브를 하며 격려한다. 강사들 또한 기독교적 사명감으로 아이들을 지도하기 때문에 성실하고 친절하다. 아이들을 윽박지르는 모습은 볼 수 없다. 체조 수업은 항상 놀이처럼 재밌게, 그러나 진지하게 진행된다. 때문에 아이들은 모두 즐거워한다. 부모 입장에서는 이렇게 아이들이 즐기면서 운동할 수 있다는 점이 가장 인상적이다.

김구윤 | Let It Shine Gymnastics 수강생 학부모

기독교 정신으로 운영하는 체조 학원 'Let It Shine Gymnastics'

기독교 영향력의 쇠퇴

그런데 오늘날 미국의 기독교인 수는 계속 줄어들고 있다. 미국 시사 주간지 〈뉴스위크〉의 기사에 따르면(2009년 4월 3일 자), 미국인들 가운데 자신을 기독교인이라고 말하는 사람의 비율은 76퍼센트로 1990년대(86퍼센트)에 비해 10퍼센트 가량 떨어졌다. 미국에서 가톨릭교도를 포함하지 않는 기독교인의 비율은 52퍼센트로 여전히 기독교인의 수가 다른 종교를 믿는 사람들보다 많지만, 매주 교회에 출석하는 교인의 수는 급격히 줄고 있다.

유서 깊은 교회들이라 해도 예외는 아니다. 교인이 없어 예배를 드리지 못하거나, 심지어 매각되어 식당이나 술집 등으로 변하는 경우도 있다. 또 기독교 문화가 강한 일부 지역을 제외하고는 방송에서조차 성탄절을 '크리스마스데이'가 아닌 '홀리데이'라고 말한다.

물론 공동체 중심의 기독교 정신과 가치는 여전히 미국 사회에 영향을 미치고 있다. 하지만 기독교의 영향력이 이전보다 쇠퇴하고 있음은 분명하다. 매년 종교가 없는 사람들의 수가 크게 늘고 있는 것도 이를 반증한다.

테스티모니얼: 기독교 영향력의 쇠퇴

미국 내에서 기독교의 입지는 계속해서 좁아지고 있다. 정교 분리를 명시한 수정 헌법 제1조는 일견 미국이라는 청교도 국가의 세속화를 가져온 주원인이라고도 볼 수 있다. 국가의 종교적 신념이 개인의 자유를 침해할 수 없다는 헌법의 선언은 미국 기독교의 역사를, 교회의 가르침이 개인의 자유로운 의견에 맞추어 수정되는 방향으로 전개시켜 왔기 때문이다. 현재도 동성애와 같은 사회 이슈들을 둘러싸고 남침례교로 대표되는 보수 교단들과, 메인라인 교단을 비롯한 진보 교단들이 첨예하게 대립하고 있다.

보수 교회들은 개인의 자유를 중시하면서도 성서주의 및 복음주의를 내세우며 교리 수정을 거부하는 한편, 진보 계열의 교단들은 보다 자유로운 성서 해석에 기초하여 다양한 가치들(예컨대 성적 지향성의 차이 인정, 성 소수자들의 결혼 및 안수, 여성의 목사 안수)을 교회적으로 인정하는 추세다. 전자에 속하는 교회들은 새로운 상황 속에서 복음을 이해하고 세상과 소통하려는 의지가 부족하다는 사회적 지탄을 받고 있으며, 후자에 속하는 교회들은 상황의 변화에 따라 교회가 2,000년 가까이 지켜온 가치들을 제멋대로 희생시켰다는 비판을 교회 공동체로부터 받고 있다. 두 진영의 간극 속에서 미국 사회는 계속해서 교회에 등을 돌리고 있다.

황선웅 | 밴더빌트 대학 신학대학원 M.Div.

3. 미국을 지탱하는 공동체 정신

생활 속에 뿌리내린 기부 문화

미국에서는 재산을 사회에 기부하는 부자들이 적지 않다. 네브래스카 주의 작은 시골 마을 오마하에서 태어난 워런 버핏Warren Buffett은 1956년 100달러로 주식 투자를 시작해 지금은 세계적으로 손꼽히는 부자가 되었다. 미국 경제지 〈포브스〉가 발표한 2015년 세계 부자 순위에서 버핏은 자산 727억 달러(약 80조 원)로 세계 부호 3위를 차지했다. 하지만 그는 아직도 1958년 당시 3만 1천 500달러에 구매한 고향 집에서 살고 있으며, 2007년 자선 단체에 21억 달러 상당의 주식을 기부하는 등 매년 베푸는 삶을 실천하고 있다. 애플의 CEO인 팀 쿡Tim Cook도 2015년 3월 미국 경제지 〈포춘〉과의 인터뷰에서 자신의 전 재산인 8800억 달러를 기부하기로 했다. 2013년 약 1조 원을 기부했던 페이스북의 창립자 저커버그는 2015년 12월, 자신이 보유한 페이스북 지분의 99퍼센트를 기부하기로 했다. 그것은 시가로 약 52조 원이다. 재산이 많은 사람이나 대기업 오너들이 배척을 당하는 우리나라와 달리, 미국에서 성공한 기업가들이 존경받는 이유는 이들이 실천해 온 '노블레스 오블리주(nobless oblige, 가진 자의 의무)' 때문이다.

그런데 미국에서는 빌 게이츠Bill Gates나 워런 버핏, 마크 저커버그, 팀 쿡과 같이 사회 저명인사들만 기부를 하는 것이 아니다. 기빙 유에스에이(Giving USA) 재단의 연례 보고서에 따르면 2014년 한 해 동안 미국 전체 가구의 95.4퍼센트가 자선 단체에 기부를 했고, 미국인들의 총 기부액 (3584억 달러) 중 72퍼센트(2585억 달러)가 개인 기부였다. 오늘날 심각한 빈부격차의 문제를 앓고 있는 미국 사회가 그나마 유지될 수 있는 것은 평범한 시민들조차 기부를 삶의 일부로 여기고 실천하는 나눔의 문화가 정착되어 있기 때문이다.

2015년 2월, 미국 버몬트 주의 브래틀버러라는 마을에 사는 한 노인의 유언장이 화제가 된 적이 있다. 브래틀버러의 지역신문인 〈브래틀버러 리포머Brattleboro Reformer〉의 2015년 2월 5일 자 기사에 따르면, 주식투자와 장작 패기가 취미였던 로널드 리드Ronald Read는 25년간 주유소 직원으로 일하다 은퇴 후에는 상점 관리인으로 일했다. 겨울을 따뜻하게 보내라며 이웃 주민이 털모자를 짜줄 정도로 리드는 항상 검소하게 살았다. 그랬던 그가 92세의 일기로 세상을 떠나고 유언이 집행된 후에야 가족들도 그가 백만장자였다는 사실을 알게 됐다. 로널드 리드는 지역 병원인 브래틀버러 메모리얼 병원에 480만 달러를, 지역 도서관인 브룩스 도서관에 120만 달러를 기부하라는 유언을 남겼다.

실제로 미국의 도서관, 박물관, 미술관 등 대중들에게 공공서비스를 제공하는 기관들은 상당 부분 일반 시민들의 기부금으로 운영되고 있다.

🌳 추천 명소: 카네기의 기부로 설립된 카네기멜론 대학[2]

　미국 펜실베이니아 주 피츠버그에 위치한 카네기멜론 대학(Carnegie Mellon University)은 1900년 철강왕 앤드류 카네기Andrew Carnegie의 기부로 설립된 카네기 공업학교(Carnegie Technical Schools)가 그 전신이다.

　세계적인 연구대학인 카네기멜론 대학은 스물한 명의 노벨상 수상자를 배출했으며, 공학, 경영학, 예술 분야가 유명하다. 특히 컴퓨터과학은 매사추세츠 공과대학(MIT)과 함께 미국 최고 수준으로 평가받는다. 췌장암으로 시한부 인생을 선고받았음에도 불구하고 카네기멜론 대학에서 '마지막 강의'를 해 세계를 감동시켰던 랜디 포시Randolph F. Pausch가 바로 카네기멜론 대학 컴퓨터과학과 교수였다. 컴퓨터 공대의 게이츠 센터(Gates Center)와 퍼넬 예술 센터(Purnell Center for the Arts)를 잇는 다리 이름이 '랜디 포시 기념 다리(The Randy Pausch Memorial Bridge)'인데, 이 다리는 랜디 포시의 친구들과 그를 존경하는 사람들의 기부금으로 만들어졌다.

　이와 함께 빌 & 멜린다 게이츠 재단(The Bill & Melinda Gates Foundation)은 게이츠 센터를 짓는 데 2000만 달러를 기부했다.

카네기멜론 대학의 게이츠 센터

미국 사회를 통합시키는 애국심

미국은 세계 각국에서 온 수많은 이민자들이 만든 나라다. 유럽계, 아프리카계, 남미계, 아시아계 등 다양한 인종과 민족, 종교, 문화가 공존하는 국가다. 상황이 이러한데도 미국은 세계 어느 나라보다 국민들의 애국심이 뜨겁다. 국경일을 제외하고 태극기를 걸어 놓은 집들을 보기 힘든 우리나라와는 대조적으로, 미국에서는 언제 어디서나 성조기를 걸어 놓은 집들을 쉽게 볼 수 있다.

미국 공항에서 비행기에 탑승할 때 군복을 입은 군인은 일반석 승객보다 먼저 탑승한다. 항공사 직원이 군인들이 탑승한다는 안내 방송을 하면 탑승 게이트에서 대기하던 승객들은 박수를 치며 군인들을 환영한다. 야구장 등 스포츠 경기장에서도 경기 중간에 전·현역 군인들을 소개할 때 모든 관중이 일어나 환영하는 모습을 심심치 않게 볼 수 있다. 미국은 군인들에 대한 예우가 각별한 나라다.

버락 오바마Barack H. Obama 대통령을 포함한 역대 많은 미국 대통령들은 취임 연설에서 미국인들의 애국심을 자극했다. 미국 제35대 대통령이자 태평양 전쟁 참전 용사인 존 F. 케네디John F. Kennedy는 1961년 1월 20일 취임 연설에서 애국심을 고취시키는 명연설을 남겼다.

미국 국민 여러분, 조국이 여러분을 위해 무엇을 할 수 있을 것인지 묻지 말고, 여러분이 조국을 위해 무엇을 할 수 있는지 물어보십시오.

And so, my fellow Americans, ask not what your country can

시카고 다운타운에 펼쳐진 메모리얼 데이 가두 행진
'메모리얼 데이(Memorial Day)'는 적과 싸우다 사망한 장병들의 추도일(매년 5월 마지막 월요일)로, 우리나라의 현충일과 비슷한 날이다.

do for you; ask what you can do for your country.

미국은 애국심을 어떻게 강조하고, 어떻게 마케팅하며, 어떻게 국민들에게 각인시켜야 하는지 잘 알고 있다. 공립 초등학교에서 국기에 대한 맹세를 시키는 것과, 자꾸 가보고 싶은 명소가 되도록 국립묘지를 조성하는 것 모두 이 같은 맥락에서 이해할 수 있다.

그렇다면 미국에서 이렇게까지 애국심을 강조하는 이유는 무엇일까? 미국은 다인종, 다민족, 다문화 국가다. 계층 간 빈부 격차뿐만 아니라 인종, 민족, 문화 간 갈등이 다른 어떤 선진국들보다 심한 나라다. 이 때문에 사회적 갈등을 극복하고 안정된 사회 질서를 유지하기 위해서는 국민들을

시카고 다운타운에 펼쳐진 메모리얼 데이 가두 행진

알링턴 국립묘지 무명용사의 묘

버지니아 주 알링턴 국립묘지(Arlington National Cemetery)의 '무명용사의 묘(Tomb of the Unknowns)'는 제1차 세계대전, 제2차 세계대전, 한국전쟁, 베트남 전쟁 당시 전사한 미군들 중에서 신원이 확인되지 않은 군인들의 유해가 안치된 곳이다. 위병들은 이 무명용사의 묘를 하루 24시간, 1년 365일 내내 지킨다.

통합시킬 수 있는 보편적 가치가 필요하다. 이러한 관점에서 볼 때 애국심은 미국 사회를 하나로 묶을 수 있는 가장 강력한 가치적 도구라고 할 수 있다. 즉 국가에 대한 자긍심을 통해 '하나된 미국'이라는 국가 정체성을 확립할 수 있는 것이다.

 상식 백과: 미국의 국가(國歌)

애국심을 고취시키는 대표적인 노래는 국가다. 미국 국가의 제목은 〈성조기여, 영원하라The Star-Spangled Banner〉이다. "오, 자네는 보인다고 말할 수 있겠는가, 새벽의 여명으로(O say, can you see, by the dawn's early light)"로 시작하는 미국 국가의 가사는 영국과의 전쟁이 한창이던 1814년 9월, 법률가이자 시인인 프랜시스 스콧 키Frencis Scott Key가 쓴 시가 원형이다. 〈맥헨리 요새의 방어Defence of Fort M'henry〉라는 제목으로 인쇄된 키의 시는 영국의 존 스태퍼드 스미스John Stafford Smith가 작곡한 〈천국의 아나크레온에게To Anacreon in heaven〉라는 노래의 멜로디에 맞춰 대중들에게 불렸다. 그리고 '천국의 아나크레온' 곡조에 맞춰 불리던 키의 시는 1931년 3월 허버트 후버Herbert Hoover 대통령의 서명으로 미국 공식 국가로 채택되었다.

성숙한 시민 의식의 발로 자원봉사

세계에서 자원봉사가 가장 활발한 나라는 미국이다. 시민 의식에 기반을 둔 공동체적 가치가 사회 저변에 흐르고 있는 만큼, 미국인들은 개인주의를 존중하면서도 타인과 지역사회를 위한 봉사 활동을 중요시한다. 실제로 많은 미국인들이 남녀노소 불문하고 여러 기관과 지역 단체에서 자원봉사 활동을 한다. 미국 연방 정부 기관인 국가·지역사회봉사공사의 보고서에 따르면, 2013년 한 해 동안 미국 성인 인구의 25.4퍼센트가 기관이나 단체를 통해 총 77억 시간 동안 자원봉사 활동을 했다. 지역사회에서 비공식적으로 봉사 활동을 한 미국인들도 1억 3800만 명이나 됐다.

이처럼 미국에서는 학교, 병원, 소방서, 교회, 미술관, 도서관, 국립공원 등에 자원봉사자가 없는 곳이 없을 정도다. 미국 내무부 국립공원 관리청의 경우 직원이 약 2만 2,000명인데, 국립공원에서 자원봉사를 하는 사람은 22만 명이 넘는다. 미국 걸스카우트는 거의 모든 훈련 프로그램이 자원봉사자들에 의해 운영된다. 걸스카우트 회원 수가 280만 명인데, 그중 200만 명이 소녀 회원이고, 나머지 80만 명은 성인 자원봉사자들이다.

물론 스펙을 쌓기 위해 단기간 자원봉사를 하는 학생들도 있지만, 몇십 년 동안 꾸준히 진정성을 가지고 봉사하는 자원봉사자들이 대다수다. 한편 미국에서는 인종과 국적에 상관없이 누구나 다양한 분야에서 자원봉사 활동에 참여할 수 있다. 미국에 단기간 거주하는 한국인들도 뜻만 있다면 어느 곳에서든 자원봉사 활동을 할 수 있다.

미국에서 자원봉사 활동을 중시하는 이유는 애국심의 경우와 마찬가지로 자원봉사를 통해 사회를 통합하고 공동체적 가치를 드높일 수 있기 때문이다. 이런 까닭에 미국 대학 입시에서 뿐만 아니라 취업을 할 때도 지원자의 자원봉사 활동 경력을 학력이나 다른 경력 못지않게 중요시 한다. 이는 미국의 모든 학교에서 체육 과목을 중요하게 여기는 것과도 일맥상통한다. 자원봉사라는 공통의 목적을 가지고 자신의 열정을 쏟는 과정에서, 결속력이 강해지고 타인을 배려하는 마음이 깊어지는 것이 여타 스포츠 활동과 비슷하기 때문이다.

미국 걸스카우트 창설자 줄리엣 고든 로의 생가

1860년 10월 31일 미국 조지아 주 서배너(Savannah)에서 태어난 줄리엣 고든 로Juliette Gordon Low는 1912년 3월 서배너에서 미국 걸스카우트를 창설했다. 로의 생가는 1965년 국립사적지(National Historic Landmark)로 지정되었다.

대표적인 자원봉사 활동은 무료 급식 봉사, ESL 강의, 선거 운동, 해비탯(Habitat, 집짓기 운동) 등이다. 특히 ESL 강의 자원봉사의 경우, 미국 교회에 출석하는 미국인들이 비영어권(예: 남미, 아시아, 아프리카, 아랍)에서 온 거주자들을 위해 영어 수업을 진행하는 경우가 많다.

테스티모니얼: 미술관 자원봉사 활동

저는 미국에 거주하면서 'The Frist Center for the Visual Arts'라는 미술관 교육팀에서 1년가량 자원봉사 활동을 했습니다. 봉사 활동을 하면서 고등학생들부터 나이 많은 어른들까지 다양한 연령대의 자원봉사자들을 만날 수 있었습니다.

고등학생들은 주로 졸업 후 자신이 공부하고 싶은 분야나 직업과 관련한 사회 경험을 쌓기 위해 자원봉사를 합니다. 대학생들이나 어른들은 개인적인 관심에서 자원봉사를 하거나, 자신의 직업 경험을 지역사회와 나눈다는 생각으로 참여하는 분들이 많습니다. 저와 함께 자원봉사를 했던 분들은 모두 누군가에게 베푼다는 생각보다 새로운 경험을 통해 무언가를 배운다는 자세로 기쁘게 활동하셨습니다. 이러한 자원봉사자들의 모습과 태도를 저는 늘 좋게 봤었지요.

제가 자원봉사를 했던 미술관은 전시가 시작되기 전 자원봉사자들을 대상으로 전시에 관한 교육을 실시합니다. 자원봉사자 교육을 통해 자원봉사가 단순히 배정된 일을 하는 것이 아니라, 미술관이 지향하는 가치를 공유하는 활동임을 교육시킵니다.

미국에서 자원봉사 활동은 비슷한 관심사를 가진 사람들이 모이는 커뮤니티입니다. 비록 영어가 유창하지 못하더라도 자원봉사 활동을 통해 자연스럽게 미국 친구들을 사귈 수 있습니다. 또한 지역 문화 행사 등에 적극적으로 참여함으로써 낯선 미국 도시에서의 삶을 좀 더 풍요롭게 즐길 수 있습니다.

주형은 | The Frist Center for the Visual Arts 자원봉사

어릴 적부터 다른 사람 돕는 것을 배우는 미국인들

Helping others is something that many Americans learn from childhood

대부분의 미국인들은 다른 사람들을 돕기 위해 자원봉사를 해야 한다는 것을 어린 시절부터 배운다. 미국인들 중 상당수는 이웃을 돕는 것이 일상화되어 있는 작은 마을에서 자랐다. 부모에게 배운 이 같은 가치들을 어른이 된 뒤 삶에 반영하기 위해 노력한다. 우리가 자라면서 배워 온 것처럼, 우리 또한 자녀들에게 지역사회에 기여하라고 가르친다. 일을 하거나 가족을 부양하면서 다른 사람들을 돕는 일에 시간을 할애하는 것은 어려운 일이다. 그러나 나는 항상 이렇게 부단히 노력하는 것이 나를 인간적으로 성숙하게 만들어 왔다고 느꼈다. 자원봉사를 통해서 나는 매일의 과업들을 잘 헤쳐 나갈

수 있는 영적 에너지를 얻는다. 누군가를 돕는 것은 우리 삶에 긍정적인 힘을 주는 내면의 선한 감정을 만들어 낸다. 대부분 활동적으로 일을 해오다 은퇴를 하면서 자원봉사할 시간이 더 많이 생기게 된다. 또 은퇴자들이 자원봉사를 통해 활발한 활동을 지속하는 것은 은퇴 전 바쁘게 일해 온 일상을 대체해준다. 오직 나를 위해 에너지를 쓰는 것보다 다른 사람들을 돕는 것에 나는 더 큰 기쁨을 느낀다. 나는 할 수 있는 한 자원봉사를 계속할 것이다.

I think feeling the need to volunteer to help others is something that many Americans learn from childhood. Many of us grew up in smaller towns where "helping your neighbor" was just a part of how we related to each other. We learned from our parents and tried to carry those values into our adult lives. Likewise, we teach our children to "give back" to the community that helped us as we grew up. Making a sacrifice to give your time to help others, even while you are working and raising a family, can be difficult, but I always felt the extra effort I gave helped me to grow as a human being. There is a reward there that really can give you more "spiritual" energy to handle the duties of everyday life. Helping someone else creates a good feeling within that is a positive force in our lives. As many of us begin to retire from active employment, there is even more time available to volunteer. Also, for many retirees, continuing to maintain an active schedule with volunteer activity helps to replace the rigid schedules that most of us experienced as we pursued a career. I feel that what I gain from helping others gives me more pleasure than only spending that energy on myself. I will volunteer as long as I possibly can.

찰스 휴글리Charles Hewgley | 전직 미 해군, 주 정부 공무원

내가 자원봉사를 하는 이유 Why I volunteer

자원봉사자는 자신이 어디에서 가장 열정을 느끼는지 잘 생각해 본 뒤 봉사할 분야를 정해야 한다. 나는 어린이와 연장자들, 미국에 온 지 얼마 되지 않아 영어를 익히는 데

어려움을 겪는 사람들에게 관심을 가지고 있다. 나는 15년 동안 ESL(English as a Second Language)을 가르쳐 왔고, '식사 배달 서비스'는 5년 동안 했다. 글읽기에 어려움을 느끼는 초등학교 2학년 학생들을 가르치는 일은 1년 동안 했다. 지난 30년 동안 내쉬빌에 살면서 때때로 파트타임으로 일을 하던 나는, 이사회의 작업부터 모금 행사의 장식과 꽃꽂이까지 적어도 10개 이상의 자원봉사 활동을 해왔다. 내가 자원봉사를 하는 이유는 내가 베푸는 것보다 더 많은 것을 얻을 수 있기 때문이다. 나는 자원봉사를 하면서 놀라운 사람들을 만났다. 그들은 내 인생에 깊은 감동을 주었다. 그들은 내게 영감을 주었고, 마음을 따뜻하게 해주었다. 전쟁이 휩쓸고 가버린 자신의 나라에서 이곳에 온지 얼마 되지 않는, 말을 배우러 학교에 온 수줍음 많고 어딘가 불안해 보이는 난민 여성부터, 외롭고 끼니를 챙기지 못하는 데다 장애가 있는 고령의 참전 용사, 숙제를 도와주거나 가족에게서 받지 못한 관심을 줄 누군가가 절실한 소년까지… 나는 이들 모두와 깊게 정이 들었다. 물론 이 관계들은 내 삶을 풍요롭게 한다.

A volunteer must decide what they feel most passionate about. I am interested in children and elderly people and people new to this country who are having trouble speaking our language. I have been teaching ESL for 15 years, delivering "Meals on Wheels" for 5 years, tutoring 2nd Grade students who are struggling to read for just 1 year. I have been involved in at least 10 other organizations in Nashville in the 30 years I have lived here-some while I was working (part-time)-from serving on the Board to creating all the decorations/flower arrangements for their fundraisers. I do it because I am getting a lot more than I am giving. I meet amazing people who touch my life. They inspire me and warm my heart-from the shy, anxious refugee, fresh from a war-torn country, getting herself to school to learn a new language-to the disabled elderly veteran who is alone and needs a meal-to the precious little boy who needs help with his homework and attention his family cannot seem to give him. I grow to care deeply for all of them and these connections enrich my days!

로리 슐만Lori Shulman | 전직 공인 간호사

지역사회뿐만 아니라 내게도 유익한…
Beneficial to myself as well as my community

나는 지역사회에 기여하고자 하는 전직 교사다. 나는 집 근처의 가족 진료소에서 자원봉사를 하기로 했다. 일주일에 한 번씩 그곳의 서무 관련 작업을 해온 지 이제 거의 10년이 되었다. 나는 보험에 가입하지 못한 사람들과 이민자들을 위한 진료소에서 일할 수 있었다는 점에 감사한다. 그곳에는 어떻게든 자신이 도움이 되기를 바라는 의사와 간호사들, 또 나와 같은 자원봉사자들이 많다. 나는 이민자들을 위한 영어 교사로 지난 2년간 자원봉사를 해왔다. 학생들이 나에게 배우는 만큼, 나도 학생들을 통해 많은 것을 배우고 있다. 내가 하는 일은 지역사회에만 도움을 주는 것이 아니라 내게도 유익한 활동이 되고 있다. 그 사실에 나는 감사하고 있다.

I am a retired school teacher who wanted to give back to my community. I chose to volunteer at a family health clinic near my home. I do clerical work one day a week. I have been doing this for almost ten years. I appreciate the work the clinic does for our immigrant community as well as for those who do not have insurance. The clinic has many volunteers from doctors, nurses and people like myself who just want to help out any way we can. For the past two years I have been volunteering as an English teacher of our immigrant population. I find I learn as much from my students as often they learn from me. I am grateful I have these types of activities which I feel are beneficial to myself as well as my community.

클리터스 무어헤드Cleatus Moorehead | 전직 교사

2장

미국의 사회와 문화 2부 : 다인종 다문화 사회

미국의 고질적 문제인 인종 갈등은 폭력 사태로 격화되면서 LA폭동이나 퍼거슨 소요 사태와 같은 사회적 혼란과 긴장을 불러일으키기도 한다. 분노한 시위대가 던진 화염병에 건물이 활활 타오르고 이에 경찰들이 시위대를 향해 최루탄을 발사하는 모습을 보면, 미국이 인종 갈등으로 곧 끝장나버리는 것은 아닐까 우려마저 하게 된다. 그렇지만 미국은 이러한 갈등과 충돌 속에 있다가도 언제나 빠르게 사회적 안정을 되찾아 간다. 이것이 어떻게 가능할까? 또 미국인들이 이렇게 균형 감각을 유지할 수 있는 비결은 무엇일까? 그것은 엄정한 법 질서가 확립되어 있기 때문이다. 그뿐만 아니라 미국인들의 의식 속에는 이질성을 동질화하는 문화 인프라가 원형적으로 녹아 있다. 바로 이것이 사회적 갈등을 완충하고 통합하는 역할을 톡톡히 하고 있다.

1. 법치 사회와 경찰의 무소불위 공권력

떼법이 통하지 않는 법치 사회

미국은 법치주의가 뿌리내린 사회다. 미국은 자유와 민주주의가 상징인 국가이지만 이를 가능하게 하는 것 역시 법이다. 강력한 법이 있고, 준법 정신이 자리 잡고 있기 때문에 자유주의 국가에서도 질서가 유지될 수 있는 것이다.

미국에서는 법치를 무시하고 막무가내식 생떼를 쓰는 이른바 '떼법'은 통하지 않는다. 법을 지키지 않으면 지위고하를 막론하고 그에 상응하는 처분을 받는다. 오히려 상류층에 더욱 엄격한 법의 잣대를 들이대는 곳이 미국이다. 실례로 지난 2009년 폰지 사기(Ponzi scheme) 혐의로 미국연방 수사국(FBI)에 체포된 버나드 메이도프Bernard Madoff 전 나스닥(NASDAQ) 증권 거래소 위원장은 법원으로부터 징역 150년을 선고 받았다. 법 앞에 예외가 없음을 보여 주는 사건은 이뿐만이 아니다. 미국 존 케리John Kerry 국무장관은 2015년 자신의 집 옆길의 눈을 치우지 않았다는 이유로 보스턴 시로부터 벌금 50달러를 부과받았다. '그럴 수도 있지'가 통하지 않는 사회가 바로 미국이다.

물론 위에서 말한 사례만으로 미국이 완전한 법치국가라고는 말할 수

법치의 보루, 미국 법무부

워싱턴 D.C.에 있는 미국 법무부(U.S. Department of Justice) 빌딩 외벽에는 고대 그리스의 철학자인 플라톤 *Platon*의 명언이 다음과 같이 새겨져 있다. "Justice in the life and conduct of the State is possible only as first it resides in the hearts and souls of the citizens(인생과 국가 행위에서의 정의는 먼저 시민들의 마음과 영혼에 그것이 있을 때에만 가능한 것이다)."

없다. 그러나 일단 법치에 대한 도전을 용납하지 않는 사회라고는 확언할 수 있다. 법을 잘 지키는 것이 미련한 것이고, 법망을 잘 피해 가는 사람이 능력자인 양 대접받는 사회에서는 성공한 사람에 대한 인식이 곱지 않다. 하지만 미국은 성공한 사람들을 인정해 주는 분위기가 형성되어 있다. 법 앞에서 누구나 평등하다는 인식이 자리 잡혀 있기 때문이다.

물론 미국은 쿠바에 만든 관타나모 수용소를 불법적으로 운영하는 점과 수감자에 대한 고문 문제 등으로 미국식 법치주의의 모순을 드러냈다는 국제적인 비판도 받고 있다. 미국 내에서 비합법적이고 비법치적인 행위를, 그러한 일이 가능한 제3세계에서 자행하는 것이 미국식 법치주의냐는 조롱 섞인 지적이다.

LEGE ATQUE ORDINE OMNIA FIUNT

미국 법무부 빌딩 출입구의 석회암 조각에는 라틴어로 'LEGE ATQUE ORDINE OMNIA FIUNT'라는 글자가 새겨져 있다. '모든 것은 법과 질서로 이루어진다(By Law and Order All is Accomplished)'라는 뜻이다.

막강한 공권력을 지닌 경찰

미국에서 경찰의 공권력은 무소불위다. 경찰이 서라고 하면 서고, 손을 들라고 하면 손을 들어야 한다. 경찰의 말에 따르지 않으면 경찰은 이러한 행위를 공권력에 대한 도전이라고 여겨 상대를 체포하거나 상대에게 총을 쏠 수 있다. 사실, 미국은 우리나라와 달리 총기를 자유롭게 소지할 수 있는 국가다. 미국의 수정 헌법 제2조는 미국인들이 '총기를 소유할 권리'를 가진다는 것을 인정하기 때문이다. 미국 전체 인구가 3억 2000만 명인데, 개인이 소유한 총기가 2억 5000만 정이다. 매년 총기 사고로 숨지는 사람만 해도 3만 명이 넘는다. 경찰은 누가 총을 가지고 있는지 모르기 때문에 항상 긴장할 수밖에 없다. 미국 경찰은 상대방이 조금이라도 위협적인 행동을 취하면 총으로 쏘기도 한다. 미국 일간지 〈워싱턴 포스트〉의 기사에 따르면(2015년 5월 30일 자), 2015년 상반기 5개월 동안 경찰의 총에 맞아 사망한 사람이 최소 385명이었다. 하루에 두 명 이상이 경찰에 의해 사망한다는 것이다.

물론 현재 미국에서는 경찰의 공권력이 남용되고 있다고 지적하는 목소리도 적지 않다. 미국 법무부는 2014년 미주리 주 퍼거슨 시에서 흑인 청년이 백인 경찰관의 총에 맞아 숨진 사건에 대한 조사 보고서를 통해 퍼거슨 시 경찰이 상습적으로 흑인을 차별하며 과도한 공권력을 행사해 왔다고 발표하기도 했다.

법치의 이정표인 아동 인권 보호

주(州)마다 대상 연령의 차이는 있지만, 대부분의 주에서는 만 7세 이하의 어린아이가 집에 혼자 있는 것을 금지하고 있다. 자동차 안에 아동을 혼자 남겨 두어서도 안 된다. 만약 이를 지키지 않으면 부모는 아동 방임 또는 아동 학대 혐의로 처벌받을 수 있다. 신체적 학대가 없더라도 아동의 안전에 위협이 되거나, 아동이 두려움을 느낄 수 있는 상황에 처하게 하는 것 모두가 아동 방임 또는 아동 학대로 취급된다.

다시 말하지만 미국에서는 어린아이 옆에는 항상 보호자가 있어야 한다. 어디를 가든 혼자 있게 해서는 안 된다. 미국에 온 지 얼마 안 되는 한국 부모들 중에는 어린 자녀를 혼자 집에 놓고 잠깐 마트에 가는 이들이 있는데, 만약 아이가 혼자 있는 것을 이웃 주민이 본다면 경찰이나 아동보호국에 신고할 것이다.

또 아무리 교육을 목적으로 한 체벌이라도 가정에서 아이를 체벌하는 것은 신중에 신중을 기하여야 한다. 미국은 가정 내 체벌을 부분적으로 허용하고 있지만, 훈육을 목적으로 시작한 체벌이 자칫하면 아동 학대로 변질될 수 있기 때문이다.

미국은 아동 대상 성추행을 법으로 매우 엄격하게 제재한다. 아이가 아무리 귀엽다 하더라도 부모의 동의 없이 아이의 머리를 쓰다듬거나 볼을 만지는 행동을 해서는 안 된다. 한국식 정서로 그냥 예쁘다고 아이의 머리를 쓰다듬었다가는 성추행 혐의로 기소될 수 있다. 남의 아이는 그냥 보기만 하자. 그러나 너무 오래 쳐다보는 것 또한 오해를 살 수 있다는 것은 알아두도록 하자.

테스티모니얼: 미국의 아동보호

2년간의 미국 생활에서 가장 인상 깊었던 것은 아동에 대한 배려와 보호였다. 특히 아이들을 법의 울타리 안에서 철저히 보호하는 모습은 한 아이의 엄마인 나를 감동하게 했다.

우리 아이는 고더드 스쿨(The Goddard School)이라는 사립 프리스쿨(Pre-School)을 다녔다. 고더드 스쿨은 미국 전역에 지점을 둔 영유아 교육기관이었다. 고더드 스쿨에 아이를 등록시키려고 방문했을 때 우리 부부는 모두 지문을 등록했다. 왜냐하면 학교에 지문을 등록한 사람이나 학교 사무실의 허가를 받은 사람만이 현관을 통과할 수 있었기 때문이었다. 처음에는 '뭘 이렇게까지 하는 걸까'라는 생각도 들었지만, 아이들의 안전을 위해서라면 까다롭게 출입 관리를 하는 것이 옳다는 확신을 갖게 되었다. 학교의 출입 관리 내역은 주에서 관리한다. 그렇기 때문에 학교 현관에는 출입 관리에 관한 안내문이 부착되어 있고, 학교에서는 출입 관리에 관한 내용을 이메일로 학부모들에게 주기적으로 통보해 주었다.

학교로부터 아동보호에 관한 학부모 안내서를 받았을 때도 무척 인상적이었다. 안내서에는 '여름 물놀이 기간 동안 아이들이 탈의와 착의를 할 때 교사와 아이 간의 신체 접촉이 있을 수 있다.'라는 내용이 담겨 있었다. 오해의 소지를 사전에 없애기 위한 학교의 노력도 인상적이었지만, 무엇보다 아동의 인권을 보호하기 위해 학교가 항상 주의를 기울이고 있다는 메시지를 전달받은 것 같아 마음 한 편이 든든했다. 교사가 아이들이 옷 갈아입는 것을 도와주다 보면 신체 접촉이 충분히 있을 수도 있는데, 이렇게 문서로 안내하는 것을 보니 미국 사회가 아동 성범죄에 대해 얼마나 민감한지 알 수 있었다. 또한 무심코 하는 행동이 야기할 수 있는 오해나 사고를 미연에 방지하는 좋은 방법이라는 생각도 들었다.

미국에서는 아동이 차량에 탈 때 의무적으로 카시트에 앉혀야 한다. 이는 부모의 선택과 결정이 아닌 법으로 정해진 사항이다. '한 번만'이라든가 '짧은 거리니까 괜찮겠지'라는 안일한 사고가 통하지 않는다. 우리 부부는 아이는 하나였지만, 혹시 모를 일을 대비해서 카시트를 두 개 구입해 각자의 차량에 하나씩 장착했다. 미국에서는 경찰관이 직접 학교를 찾아와 등·하교 시 차량의 카시트 착용 여부를 확인하거나 카시트를 점검해 주기도 한다.

물론 앞서 언급한 아동보호 노력에도 불구하고 아동 관련 사고가 발생하지 않는 것은 아니다. 그렇지만 미국에서는 아이들을 보호하기 위한 강력한 법이 제정되어 있고, 또 아이들은 보호의 대상이라는 사회적 인식이 굳게 자리 잡고 있다. 바로 이러한 점들 때문에 미국에서 생활하는 동안 한 아이의 엄마로서 마음이 든든했다.

박소민 | 울산 명정 초등학교 교사

 상식 백과: 미국연방수사국 FBI[3]

미국연방수사국(FBI: Federal Bureau of Investigation)은 미국 법무부 산하 연방 수사 기관으로, 본부는 워싱턴 D.C.에 위치해 있다. FBI에 근무하는 직원은 약 3만 5,000명이며, 미국 내에 56개의 지부(Field Office)와 360개의 출장소(Resident Agency)를 두고 있다. 또한 우리나라를 포함한 전 세계에 60개가 넘는 국제 사무소(legal attachés)를 운영하고 있다.

FBI의 임무는 테러리스트와 외국의 정보 위협으로부터 미국을 보호하고, 미국 형법을 유지 및 집행하며, 연방, 주, 시, 국제 사무소에 형사 사법 서비스를 제공 및 지휘하는 역할을 수행하는 것이다.

FBI의 수사권 범위는 테러와 간첩 등 국가 안보 관련 범죄, 마약 관련 범죄, 조직 폭력 범죄, 화이트칼라(white-collar, 사무직 근로자)들의 범죄, 연쇄 살인과 같은 강력 범죄이며, 아동 범죄도 FBI 수사권에 포함된다. 아동 범죄 수사와 관련해, FBI는 지난 2014년 6월 일주일간 미국 전역 106개 도시에서 일제 단속을 벌여 281명의 아동 성매매 알선 업자를 체포하고 아동 168명을 구출했다.

FBI 본부가 있는 J. 에드거 후버 빌딩(J. Edgar Hoover FBI Building)

2. 요람에서 무덤까지 누리는 공공 문화

미국에는 누구나 요람에서 무덤까지 기본적인 문화생활을 누릴 수 있도록 기반 시설이 구축되어 있다. 지역사회를 기반으로 조성된 문화 인프라를 통해서 최소한의 지적, 정서적, 신체적 욕구를 채울 수 있다. 인종이나 경제적 능력과 관계 없이 누구나 가능하다. 어느 지역에서나 쉽게 접근하고 이용할 수 있는 공공 도서관, 근린공원, 생태공원이 문화 인프라의 대표

시카고 밀레니엄 파크

일리노이 주 시카고에는 연간 400만 명 이상이 찾는 밀레니엄 파크(Millennium Park)가 있다. 이 도심공원에 가면 15미터 높이의 유리블록으로 만든 '크라운 분수(Crown Fountain)'를 볼 수 있다. 쌍둥이 기둥인 크라운 분수에 설치된 LED 화면에서는 시카고 시민 1,000명의 얼굴이 계속 바뀌며 나온다.

적인 예이다. 이러한 지역사회의 문화 인프라는 인종차별 금지법만으로 해결할 수 없는 미국 사회의 간극을 희석시키는 데 중요한 역할을 하고 있다.

문화 향유의 중심지 공공 도서관

미국의 각 도시에는 크고 작은 공공 도서관이 지역 구석구석 퍼져 있기 때문에 누구나 쉽게 도서관을 이용할 수 있다. 일반적으로 공공 도서관은 지역 주민들이 내는 세금과 기부금으로 운영되기 때문에 부유한 지역의 공공 도서관이 그렇지 않은 지역의 도서관보다 시설이 좋은 편이다. 미국 최초의 공공 도서관인 보스턴 공공 도서관을 비롯하여, 뉴욕과 같은 대도시의 공공 도서관은 1000만 권 이상의 장서를 보유하고 있다. 또 거의 모든 공공 도서관이 전자책 서비스를 제공한다.

미국의 공공 도서관은 단순히 책을 읽거나 조용한 분위기에서 공부하기 위한 장소만은 아니다. 지적 욕구를 충족시킴과 동시에 여가를 즐길 수 있는 곳이 바로 도서관이다. 실제로 많은 미국인들이 여가 시간에 도서관에 간다. 도서관에는 무료 인터넷 등 다양한 즐길 거리가 있기 때문이다. 비싼 인터넷 요금 때문이겠지만 미국 공공 도서관에서는 도서관 컴퓨터로 게임을 즐기는 노인들을 종종 볼 수 있다.

미국의 공공 도서관은 지역 주민 누구나 문화생활을 향유할 수 있도록 다양한 문화 활동 프로그램들을 제공하기도 한다. 다채롭고 흥미로운 강좌와 세미나, 이벤트, 전시회 등을 통해 공공 도서관은 문화 체험의 전초

기지 역할을 하고 있다. 일종의 복합 문화 공간인 것이다. 예컨대 유명한 작가나 명사를 초청해 인문 강좌를 제공하기도 하고, 어린이들이 도서관을 즐거운 장소로 느낄 수 있도록 강아지에게 책을 읽어 주는 이벤트 등을 진행한다. 지역신문이나 생활 정보지를 무료로 제공하는 건 기본이다.

도서관 사서들은 좋은 장서들을 시민들이 다양한 방법으로 접할 수 있도록 연구한다. 실례로 미국 남부의 한 공공 도서관의 경우 한 달 동안 1인당 100권을 대여할 수 있고, 연체료는 1권당 1센트에 불과하다. 덕분에 미국인들은 도서관을 사랑한다. 아이들 교육이나 시험을 위해 특정 기간 동안, 특정 자격을 지닌 혹은 특정 연령대의 사람들만 들르는 공간이 아니라, 백발의 노인부터 관광객까지 누구나 편안하고 자유롭게 드나들 수 있는 열린 공간이다.

 추천 명소: 세계 최대 규모의 미국 의회 도서관[4]

워싱턴 D.C.에 위치한 미국 의회 도서관(Library of Congress)은 세계에서 가장 큰 도서관이다. 1800년에 설립된 미국 의회 도서관은 1814년 8월 24일 영국군에 의해 건물이 불타기 전까지 미국 연방 의사당 내에 위치해 있었다. 1814년 영국군의 방화로 3,000여 권의 중요한 장서들이 소실되자, 미국 의회는 1815년 1월 토머스 제퍼슨 Thomas Jefferson 대통령의 개인 장서 6,487권을 2만 3950달러에 구입하여 도서관 재건에 힘썼다. 현재 미국 의회 도서관은 1897년에 토머스 제퍼슨 빌딩, 1938년에 존 애덤스 빌딩, 1981년에 제임스 메디슨 메모리얼 빌딩이 완공되면서 총 세 개의 건물로 이루어져 있다.

2014년 회계연도 기준으로 미국 의회 도서관은 전 세계 470개 언어로 된 3790만 권 이상의 분류된 서적과 자료, 6960만 건 이상의 원고를 포함해 1억 6000만 점 이상의 자료를 소장하고 있다. 또한 미국 의회 도서관에서 일하는 상근 직원은 3,138명이며, 의회 도서관 예산은 6억 1800만 달러, 우리나라 돈으로 약 7100억 원이다.

미국 의회 도서관의 '토머스 제퍼슨 빌딩'

테스티모니얼: 미국 도서관 이용 후기

미국에 온 지 얼마 되지 않았을 때의 일이다. 뭔가를 하려고 하면 반나절 한나절씩 걸리는 모습을 보면서 도대체 어떻게 이 나라가 강대국이 된 걸까 의아한 마음이 들었다. 이런 생각을 접게 된 계기가 몇 번 있었는데, 그중에서 가장 컸던 것은 도서관이다.

우리나라의 면(面)이나 리(里) 규모도 안 될 법한 마을에 가도 마을 한가운데 공공 도서관이 떡하니 자리 잡고 있다. 도서관에 들어가 보면 그 규모와 짜임새에 다시 한번 놀라게 된다. 도서관 홈페이지에 접속해 보면 다양한 연령대의 사람들이 즐길 수 있는 프로그램들이 있다. 우리 가족은 주말마다 도서관의 스토리 타임을 즐겨 찾았는데, 동화책도 읽어 주고 그와 관련된 여러가지 활동들을 직접 해볼 수 있어서 아이들이 꽤나 재밌어 했다. 이를테면 동화가 동물 농장에 관한 것이라면 간단하게 종이로 동물을 오리고 붙여서 만들어 보는 식이었다.

꼭 책에 관한 것만이 아니더라도 음악회나 각종 강연 등 도서관의 효율성을 높일 수 있는 프로그램들이 많아서 한마디로 도서관이 살아 있다는 느낌을 받곤 했다. 도서관의 규모, 그 중에서도 어린이 책의 규모에도 놀랐다. 동네 브렌트우드 도서관은 총 16만 5,000점의 장서 및 DVD 등 각종 자료를 보관하고 있다. 장서 규모를 보면 성인 책과 아동 책의 비율이 거의 같다. 이것은 어린이를 얼마나 중요하게 여기고 있는지를 단적으로 보여 준다.

어린이 코너에 가면 각 연령대별로 다양하게 준비된 책들과 컴퓨터 자료들을 접할 수 있다. 아이들에 대한 이런 투자는 쉽지 않은 것을 알고 있는지라, 새삼 미국이 무섭기까지 했다. 도서관 입구에는 미국의 시인이자 의회의 도서관원이었던 열아홉 살 청년이 썼다는 말이 적혀 있다. 도서관에 대한 미국인들의 철학을 단적으로 드러내 주는 말이 아닐까 싶어 소개한다.

What is more important in a library than anything else — than everything else — is the fact that it exists (도서관에 대해서 무엇보다도 중요한 것은 도서관이 존재하고 있다는 사실 그 자체다)

김종 | 미국 경영학 석사(MBA) 과정

브렌트우드 도서관 어린이 코너

소통과 교육의 공간 근린공원

미국은 땅이 워낙 넓다 보니 근린공원들의 규모도 상당하다. 우리나라의 웬만한 유원지보다 큰 근린공원들이 많다. 세계적으로 유명한 국립공원들이 대자연에 대한 경외심을 느낄 수 있는 곳이라면, 주택가 근처에 있는 근린공원은 누구나 여유롭게 산책을 하거나 피크닉을 즐길 수 있는 생활 문화 공간이다. 근린공원에서는 잔디에 누워 편안하게 휴식을 취하거나 공원 한쪽 테이블에서 바비큐 파티를 즐기는 사람들의 모습을 언제 어느 때나 쉽게 볼 수 있다.

근린공원에서 소프트볼을 하는 아이들과 경기를 관람하는 가족들

근린공원은 다양한 스포츠 활동을 통해 신체적·정서적 욕구를 충족시키고, 공동체 의식을 함양할 수 있는 공간이기도 하다. 미국인들은 어린 시절부터 근린공원에서 레크리에이션과 스포츠를 즐기며 팀워크, 배려, 규칙, 에티켓 등 인생의 소중한 가치들을 하나씩 배워 나간다.

공원의 잔디가 푸른색을 띠는 봄부터 가을까지는 평일에도 동네 아이들의 운동 경기가 종종 열린다. 초등학생 딸의 소프트볼 경기를 보기 위해 퇴근하자마자 간호사 복장을 갈아입지도 않고 와서 응원하는 엄마도 있고, 접이식 의자에 앉아 손자의 축구 경기를 수첩에 꼼꼼히 기록하는 할아버지도 눈에 띈다. 아이들의 경기에서 심판을 보는 어른들과 스포츠 팀을 지휘하는 코치들은 대개 같은 지역에 사는 주민들이거나 경기에 참여하는 아이의 학부모인 경우가 대부분이다.

이렇듯 미국인들에게 근린공원은 신체를 단련하는 곳만이 아니다. 이웃들과 자연스럽게 교제를 나눌 수 있는 소통의 공간인 동시에, 팀 활동을 통해 자녀를 지덕체(智德體)를 균형 있게 갖춘 인격체로 성장시키는 인성 교육의 장인 것이다. 어린 시절부터 스포츠맨십을 배운 아이들은 더욱 성숙한 시민 의식을 지닌 공동체의 일원으로 자라게 된다. 이 같은 시민 의식은 예나 지금이나 다인종 다문화 국가인 미국에서 사회를 통합시키는 핵심적인 역할을 하고 있다.

감성 능력과 성품을 키우는 생태공원

미국에는 도심 속 생태공원들이 많다. 생태공원에서는 야생 동물, 식물, 곤충 등이 생태계를 형성하며 공존하는 모습을 관찰할 수 있다. 누구나 언제든지 찾을 수 있는 생태공원은 지친 몸과 마음을 달래며 감성적 욕구를 채울 수 있는 최적의 공간이다. 이와 같은 생태공원에서 많은 미국인들이 자연과 호흡하며 마음의 여유를 찾는다. 사슴이 풀 뜯어 먹는 소리마저 들을 수 있는 생태공원은 인간과 자연의 조화로운 공존을 꿈꾸게 해주며, 생태계처럼 깨지기 쉬운 인간과 인간 사이의 조화에 대해서도 돌아볼 수 있는 마음의 여유를 가져다준다.

넘쳐 나는 마음의 여유는 타인에게 관대한 마음으로 연결된다. 미국인들을 보면 친절하고 관대하다는 생각이 들 때가 많다. 물론 모든 미국인들

단체로 바비큐 파티를 즐길 수 있는 근린공원 쉘터(Shelter)

생태공원의 야생 사슴

이 다 그런 건 아니지만, 우리나라 사람들에 비해 그런 성향이 크게 느껴지는 건 사실이다. 그렇다면 무엇이 관대한 성품을 가지도록 영향을 미치는 걸까? 다양한 사회·문화적 요인들 가운데, 누구나 전 생애를 통해 즐겨찾을 수 있는 생태공원이 미국인들의 마음의 밭에서 관대함이 자라나는데 영향을 끼친다는 것은 두말할 나위가 없다. 마음이 관대한 사람은 다른 사람들과 충돌이 생겨도 그것을 융합시키는 성숙함을 보여준다. 오늘날 미국 사회가 수많은 갈등과 충돌 속에서도 다시 회복되는 것은 이러한 여유와 관용 정신이 사회에 면면히 흐르고 있기 때문일 것이다.

또한 생태공원은 아이들의 감성 지능을 키우고 관대한 성품과 정서적 안정감을 갖게 해주는 훌륭한 인성 교육의 장이 된다. 미국 부모들은 자

생태공원 산책로

녀들과 함께 생태공원에 와서 생태계를 구성하는 식물과 동물을 관찰하며 아이들과 정서적으로 교감한다. 철조망에 갇힌 채 인간이 주는 먹이로 연명하는 동물원의 동물들을 보며 행복감과 안정감을 느끼는 아이들은 많지 않을 것이다. 분명한 건 자연 생태계를 통해 인간과 자연의 조화를 배워 나가는 아이들이 그렇지 않은 아이들보다 감성이 훨씬 풍부하고 관대하다는 것이다. 미국에 사는 한국인들로부터 많이 듣는 말 중의 하나가 "미국 애들은 한국 애들보다 착한 거 같아요"라는 말이다. 아이를 삭막한 콘트리트 건물 속 학원으로만 내몰며 관대한 마음을 지닌 아이로 크길 바라는 것은, 어쩌면 낙타가 바늘구멍으로 들어가길 기대하는 것만큼이나 어리석은 꿈이 아닐까 싶다.

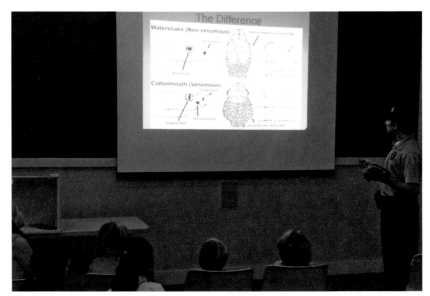

생태공원 내 학습장

테스티모니얼: 미국의 생태공원

　미국에 와서 공부하고 결혼하고 한 아이의 아빠로 살아온 지 만으로 8년이 되었다. 미국 생활에 만족하고 있는 것 중의 하나가 저녁이 있는 여유로운 삶이다.

　땅이 넓어서일까? 특히 인근에 누구나 편하게 찾을 수 있는 생태공원들이 많아 산책로로 이용하거나 만 3살인 아들을 위한 훌륭한 자연 배움터로 활용하고 있다. 내가 살고 있는 곳은 대도시는 아니지만, 그렇다고 시골도 아닌 어느 정도 규모가 있는 곳이다. 도시에 호수가 많다 보니, 크고 작은 호수 옆에 꽤 많은 생태공원이 조성되어 있다. 생태공원 옆의 산책로를 걷고 있다 보면 다양한 동물이나 식물과 만날 수 있다. 사슴 가족이 떼를 지어 지나가는가 하면, 호숫가에는 물고기가 헤엄치고 거북이들이 바위 위에서 일광욕을 즐기는 모습을 자연스레 볼 수 있다. 아들은 이런 모습들이 마냥 신기한지, 사람을 보고 도망가는 사슴을 쫓기도 하고 거북이 흉내를 내기도 하면서 자연을 알아 가고 있다.

　처음에는 공원을 산책하거나 조깅하는 사람들이 반대편에서 오는 이들과 마주칠 때마다 반갑게 "Hi, how are you?" 하고 인사를 하는 모습이 익숙하지 않았다. 어색하기도 했지만 뭔가 여유있어 보이고 상대방을 배려하는 모습에 절로 미소가 지어졌다.

생태공원 중에서는 생태 체험관도 함께 갖추고 있는 곳도 있다. 아이들뿐 아니라 어른들을 위한 프로그램도 제공하고 있다. 연령대별로 벌, 나비, 나무 등 다양한 동식물들을 직접 만져 보고 체험할 수 있는가 하면, 각 계절에 맞는 체험 활동 프로그램도 제공하고 있어서 자연을 배우고 자연과 공존하는 방법을 탐구하기에 충분하다. 선선한 여름밤이면 도시에서도 반딧불을 볼 수 있는데, 그것을 가족과 함께 관찰하는 하이킹이나, 여름밤에 야외에서 보는 가족 영화 역시 가족 간의 정서적 유대감을 키워 줄 뿐만 아니라, 인간 역시 자연의 일부라는 것을 느낄 수 있는 기회를 선사해 준다.

한창호 | 밴더빌트 메디컬 센터Vanderbilt Medical Center 연구원

3. 대중음악에 깃든 백인과 흑인의 정서

백인의 정서가 담긴 컨트리음악

백인들의 정서가 가장 잘 깃든 미국의 대중음악을 꼽으라면 컨트리음악(Country Music)을 빼놓을 수 없다. 우리나라에서는 낯선 음악 장르지만, 미8군 무대에서 데뷔한 가수 서수남이 하청일과 듀오 그룹을 결성해 1971년 크게 히트한 노래 〈팔도유람〉이 바로 컨트리음악이다.

'컨트리 앤드 웨스턴(Country and Western)'이라고도 불리는 컨트리음악은, 17~18세기 잉글랜드와 스코틀랜드, 아일랜드에서 미국 남동부 애팔래치아 산맥 지대로 이주해 온 백인들이 가져온 민속 음악(Folk Music)을 기반으로 한다. 때문에 컨트리음악은 유럽에서 건너온 피들(Fiddle)과 만돌린(Mandolin) 같은 현악기가 연주의 중심이 된다.

컨트리음악은 1925년 탄생한 WSM 라디오 방송국의 음악 프로그램인 〈그랜드 올 오프리Grand Ole Opry〉를 통해 미국 전역으로 확산됐다. 〈그랜드 올 오프리〉는 세계에게 가장 오래된 음악 프로그램으로 지금도 내쉬빌의 '그랜드 올 오프리 하우스(Grand Ole Opry House)'에서는 컨트리음악 가수들이 공연하는 〈그랜드 올 오프리〉 음악 쇼가 열린다.

컨트리음악을 전혀 알지 못하더라도 미국 남부의 오래된 음식점에서

그랜드 올 오프리 하우스
그랜드 올 오프리 하우스에서는 매주 3~4회 〈그랜드 올 오프리〉 음악 쇼가 열린다. 1974년 3월 16일 그랜드 올 오프리 하우스가 개관하던 날 밤, 리처드 닉슨Richard M. Nixon 대통령이 출연해 피아노를 연주하며 노래를 불러 큰 화제를 낳았다.

햄버거를 먹고 있노라면 흘러나오는 컨트리음악과 만나게 된다. 그러면 잠깐이나마 흥겨운 백인 전통 음악에 젖어 들게 된다. 이러한 컨트리음악의 대표적인 인물로는 '컨트리음악의 아버지'라 불리는 지미 로저스Jimmie Rodgers와 1억 3600만 장 이상의 음반을 판매한 가스 브룩스Garth Brooks가 있다.

라이먼 오디토리엄

1892년 유니언 가스펠 교회(Union Gospel Tabernacle)로 건립된 라이먼 오디토리엄(Ryman Auditorium)은 '컨트리음악의 본산(Mother Church of Country Music)'으로 불린다. 1943년 6월부터 1974년 3월까지 〈그랜드 올 오프리〉 음악 쇼가 이곳 라이먼 오디토리엄에서 열렸다. 현재는 컨트리음악의 한 장르인 블루그래스(Bluegrass) 음악 공연이 라이먼 오디토리엄에서 주로 열린다.

 추천 명소: 컨트리음악의 본고장 내쉬빌

테네시 주의 주도(州都)인 내쉬빌은 컨트리음악의 본고장이다. '뮤직 시티(Music City)' 내쉬빌은 'CMA 뮤직 페스티벌'을 포함해 각종 음악 축제가 1년 내내 끊이지 않으며, 도시의 어디를 가나 라이브 밴드의 매혹적인 선율을 들을 수 있다. 현재 컨트리음악의 대부분이 내쉬빌에서 제작된다. 다운타운 중심의 뮤직로우(Music Row)에는 세계 굴지의 음반사들과 레코딩 스튜디오, 프로덕션, 에이전시 등이 모여 있다. 또한 미국 ABC 방송국의 인기 드라마 〈내쉬빌*Nashville*〉의 촬영장이 바로 내쉬빌이다. 특히 뮤직로우에 위치한 '컨트리음악 명예의 전당'을 방문하면 컨트리음악의 역사와 음반, 악기, 의상 등을 생생하게 경험할 수 있다.

컨트리음악 명예의 전당

테네시 주 내쉬빌에 있는 컨트리음악 명예의 전당(The Country Music Hall of Fame and Museum)

흑인의 애환이 서린 블루스

컨트리음악이 미국의 '백인 민요'라면, 블루스는 흑인들 사이에서 구전된 '흑인 민요'라고 할 수 있다. 18세기부터 흑인 노예들이 남부의 대농장에서 일하면서 부른 노동요가 블루스의 기원이라는 설이 지배적이다. 때문에 블루스의 가락에는 농장에서 억압받으며 가축처럼 일했던 흑인 노예들의 절망과 분노, 슬픔이 깊게 서려 있다.

비슷한 시기에 흑인 노예들이 그들의 고달픈 삶을 신앙의 힘으로 극복

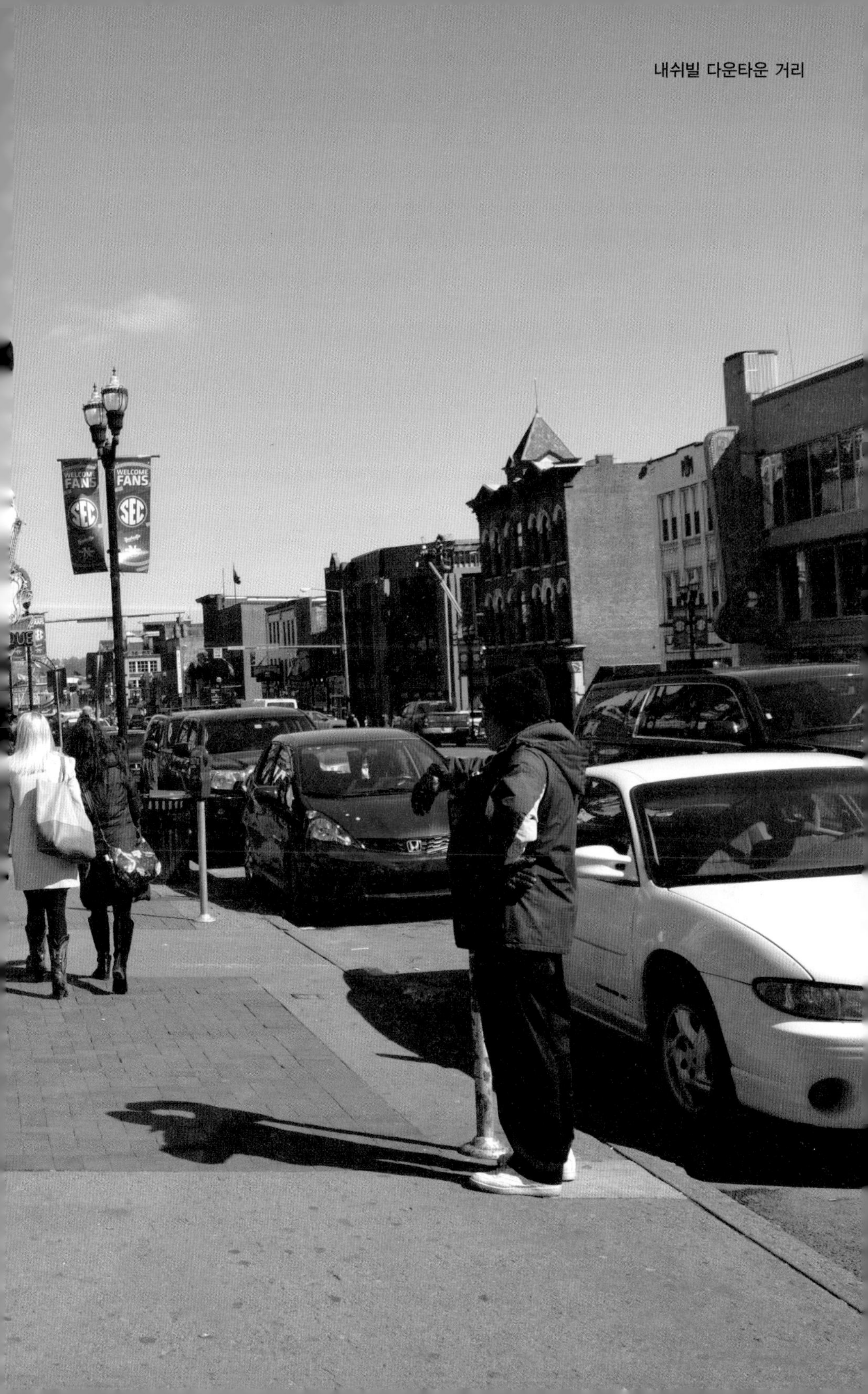

내쉬빌 다운타운 거리

하고자 부른 종교적 노래도 있는데, 이 노래를 흑인 영가(Negro Spirituals)라고 한다.

블루스는 1930~1940년대 대공황과 제2차 세계대전 등으로 남부 지역 흑인들이 시카고나 뉴욕 같은 북부 대도시로 이동하면서 점진적으로 확산됐다. 이후 블루스는 스윙 리듬이 가미된 보다 빠른 템포의 경쾌한 흑인 음악인 리듬 앤드 블루스(R&B: Rhythm and Blues)로 발전했다. 블루스의 가사에 재즈 리듬이 섞인 리듬 앤드 블루스는 1960년대 초까지 전성기를 누리며 로큰롤(Rock 'n' Roll)에 영향을 미쳤다. 대표적인 블루스 뮤지션으로는 블루스의 아버지라 불리는 W. C. 핸디William C. Handy와 블루스 음악의 거장인 기타리스트 비비 킹B.B. King이 있다.

멤피스 빌 스트리트의 '비비 킹스 블루스 클럽(B.B. King's Blues Club)'에서 연주하는 밴드
미국인들은 블루스의 고향인 멤피스(Memphis)를 '블루스 시티'라 부른다. '빌 스트리트(Beale Street)'는 멤피스 다운타운에 있는 거리로, 블루스 클럽들이 즐비하게 늘어서 있다.

시카고의 '블루 시카고(Blue Chicago)'에서 연주하는 밴드

시카고 블루스(Chicago blues)는 일렉트릭 기타가 도입된 도시풍의 블루스로, 20세기 초 대공황 등으로 인해 남부 지역 흑인들이 일리노이 주 시카고로 이주하면서 탄생한 블루스다.

흑인 특유의 리듬감이 녹아 있는 재즈

20세기 초 미국 남부 뉴올리언스에 살던 흑인들에 의해 발전한 음악으로 알려진 재즈는 블루스와 흑인 영가로부터 영향을 받았다. 때문에 재즈의 곡조에는 아프리카에서 끌려 온 흑인들의 슬픈 감성이 스며들어 있다. 하지만 재즈는 서양의 관악기(트럼펫, 트롬본, 클라리넷)와 결합해 브라스밴드의 합주 형태로 발달하면서 블루스에 비해 역동적이고 비트가 강한 느낌을 준다. 또한 재즈는 유럽계 이주민들이 가져온 서양 음악을 아프리카

뉴올리언스 거리에서 재즈를 연주하는 밴드

뉴올리언스 루이 암스트롱 공원(Louis Armstrong Park)의 재즈 밴드 조형물

음악과 적극적으로 융합시켰기 때문에, 흑인 노예들의 고통과 애환보다는 군악대 행진곡의 경쾌한 율동감이 좀 더 강하게 느껴진다.

　무엇보다 재즈는 다른 음악 장르와 달리 연주자의 즉흥적인 연주와 퍼포먼스, 자유롭게 악곡을 바꾸는 변주 스타일, 당김음이 특징이다. 탄생 초기 뉴올리언스의 흑인들에 의해 연주되었던 재즈는 이후 스윙 재즈, 프리 재즈 등 다양한 형태로 진화해 왔다. 재즈의 거장으로는 트럼펫 연주자이자 가수였던 루이 암스트롱Louis Armstrong을 꼽을 수 있다.

백인과 흑인의 정서가 혼합된 로큰롤

컨트리음악이 미국 남부의 백인 음악을, 블루스와 재즈가 흑인 음악을 대표한다면, 1950년대 중반 미국에서 탄생한 로큰롤은 인종 간의 음악 장르를 넘나드는 새로운 형태의 대중음악이다. 국립국어원 표준국어대사전 (http://stdweb2.korean.go.kr)에 따르면, 로큰롤은 흑인 특유의 리듬 앤드 블루스와 백인의 컨트리음악의 요소를 곁들인 강한 비트의 열광적인 음악 이다. 이 때문에 로큰롤에는 흑인과 백인의 정서 및 음악 특성이 모두 담 기게 되었으며, 로큰롤의 강한 비트와 열정적인 댄스가 젊은 층의 코드와 맞아 떨어지면서 로큰롤은 대중 속으로 깊이 스며들었다.

이러한 로큰롤을 대중화시킨 대표적인 인물로는 기타 연주자이자 가수 인 척 베리Chuck Berry, 로큰롤이라는 새로운 단어를 만든 앨런 프리드Alan Freed, '로큰롤의 황제'라 불리는 엘비스 프레슬리Elvis Presley가 있다. 테 네시 주 멤피스의 트럭 운전사였던 엘비스 프레슬리는 1956년 내쉬빌의 RCA 레코드사 스튜디오에서 녹음한 〈하트브레이크 호텔Heartbreak Hotel〉로 스타의 반열에 올라섰다. 록을 모르더라도 엘비스 프레슬리는 아는 것처 럼, 엘비스 프레슬리는 하나의 문화 코드가 되었다.

 **추천 명소: 엘비스 프레슬리가 첫 녹음을 했던 선 스튜디오**

테네시 주 멤피스에 있는 '선 스튜디오(Sun Studio)'는 1950년 레코드 제작자인 샘 필립스가 설립한 레코딩 스튜디오다. 본래 '멤피스 레코딩 서비스(Memphis Recording Service)'라 불렸다. 제리 리 루이스Jerry Lee Lewis, 로이 오비슨Roy Orbison과 같은 전설적인 로큰롤 가수들뿐만 아니라, 비비 킹B.B. King, 제임스 코튼James Cotton과 같은 블루스 음악의 거장들도 이곳에서 음반을 녹음했다. 무엇보다 선 스튜디오는 엘비스 프레슬리가 첫 음반을 레코딩한 곳으로 유명하다. 멤피스에서 유년 시절을 보낸 엘비스 프레슬리는 18세였던 1953년 8월, 어머니에게 선물로 드릴 음반을 녹음하기 위해 선 스튜디오에 4달러를 지불하고 〈마이 해피니스My Happiness〉와 〈뎃즈 웬 유어 하트에이크스 비긴That's When Your Heartaches Begin〉 등 두 곡을 녹음했다.

선 스튜디오

4. 아는 듯해도 모르는 미국의 팁(Tip) 문화

팁이 일상화된 자본주의 나라

지금은 고전이 된 크리스마스 특선 영화 〈나홀로 집에 2〉(1992)를 떠올려 보자. 뉴욕의 한 유명한 호텔에 혼자 투숙하게 된 9살인 주인공 케빈은 객실까지 짐을 날라 준 뒤 집게손가락과 엄지손가락을 문지르며 무언가를 기다리던 벨보이에게 껌을 준다. 당연히 금전적 '팁'을 바랐던 벨보이는 황당한 표정을 짓는데, 이 장면이야말로 팁에 대한 미국인들의 인식을 가장 잘 표현하지 않았나 싶다.

팁 문화가 언제부터 시작되었는지는 정확히 알려지지 않았지만 고대 로마 시대 때부터 이어져 왔다는 것이 중론이다. 16~17세기 영국의 커피숍이나 지역 선술집에는 'To Insure Promptness(신속함을 보장받기 위하여)' 또는 'T.I.P'이라는 문구가 붙어 있었다. 여기서 'Tip'이 유래했다고 한다.

미국에서는 식당과 호텔 등에서 서비스를 받고 난 후에 팁을 건네는 것이 상식이다. 물론 팁을 반드시 줘야 한다는 법적 강제성은 없다. 그저 관례적으로 적용되어 온 가이드라인만 있을 뿐이다. 하지만 식당에서 식사를 한 후 팁을 주지 않으면 서비스를 도둑질한 사람 취급을 받을 수 있다. 서비스 업계에 종사하는 사람들에게 팁은 수입의 큰 비중을 차지한다. 실제로 식당에서 일하는 종업원들의 기본급은 최저임금 수준으로 매우 낮다. 일반 노동자에 비해 팁을 받는 노동자의 최저임금은 거의 오르지 않고 있다. 팁은 종업원들이 임금을 보전하는 수단이기 때문에 팁 없이는 생계를 유지하기가 힘들다. 그래서 사측에서 부담해야 할 임금을 고객에게 전가함으로써 노동자의 저임금을 고착화한다는 비난도 나오는 것이다.

테스티모니얼: 팁을 줄 때 어떤 생각이 드는가?
How do you feel when you tip someone?

많은 미국인들은 계산서에 표시된 금액 외에 추가로 팁을 줘야 하는 것이 옳지 않다고 생각한다. 그러나 한 번이라도 식당에서 일한 적이 있다면 팁이 필수라는 사실을 알게 될 것이다. 나는 식당에서 일해본 적이 있다. 식당 종업원들은 팁을 받지 않는 업계에 비해 아주 적은 임금을 받는다. 팁을 많이 받기 위해서는 더욱 열심히 일하고, 손님들에게 친절을 베풀어야 한다. 그래서 종업원들은 그 부분에 있어서 최대한 노력한다. 계산서에 팁이 포함된 금액이 표시되어 있다면 고객 입장에서 편리할 수는 있겠지만, 서비스의 질은 떨어질 것이다. 나는 식당 종업원들이 팁을 받기 위해 얼마나 열심히 일하는지 알기 때문에, 팁을 주는 것에 관대한 편이다. 팁을 주는 것이 자신이 받은 서비스에 대해 감사를 표하는 방법 중 하나라는 것을 깨닫는다면 팁에 대한 인식이 훨씬 더 긍정적인 쪽으로 바뀔 것이다.

There are many Americans who believe tipping in restaurants is wrong in addition to the bill they already have to pay. However, if you have ever worked in a restaurant, you will know that tipping is a mandatory thing.

I have worked in a restaurant in the past, and the wage servers receive is very low compared to employees working in a non-tipping industry. Therefore, in order to receive higher tips, servers work hard and try to be as nice as possible to customers.

It could be handy, if the tips were to be already included in the bill, but that will only result in lower qualities of services since servers will know how much they will be getting from the service they provide.

> I know how hard servers work in order to earn tips, so I usually tip generously. You will feel great about tipping if you realize that it is a way of saying "Thank you" for your services.
>
> 쟈니 맥컬록Johnny E. McCulloch | 사업가

팁에 대한 미국인들의 피로감

일종의 사회적 규범으로 자리 잡은 팁에 대한 불만은 미국 내에서 늘 존재해 왔다. 〈뉴욕 타임스〉의 저명한 레스토랑 비평가인 페트 웰스Pete Wells는 그의 기사에서 "팁 체계는 비합리적이고, 구식이고, 비효율적이고, 헷갈리고, 남용되기 쉽고, 때로는 차별적이기까지 하다."라며 팁을 적나라하게 비판한 바 있다. 이에 더해 최근 미국에서는 팁 비율이 날로 높아져 부담을 느끼고 분통을 터뜨리는 사람들이 늘고 있다. 사실 미국인들조차도 팁을 얼마나 줘야 하는가에 대해 고민할 정도로 정확히 정해진 규칙은 없다. 더군다나 터치스크린 방식으로 음식값이나 택시비를 결제하는 곳이 많아지면서 팁에 대한 미국인들의 피로감은 더욱 커지고 있다.

팁에 관한 갑론을박에도 불구하고, 미국인들이 세계에서 팁을 후하게 주는 편이라는 사실은 여전하다. 서비스를 받고도 정당한 대가를 내지 않고 갑질하는 미국인들도 있다고 하지만, 대부분의 미국인들은 종업원이 제공하는 서비스의 대가로 팁을 건넨다.

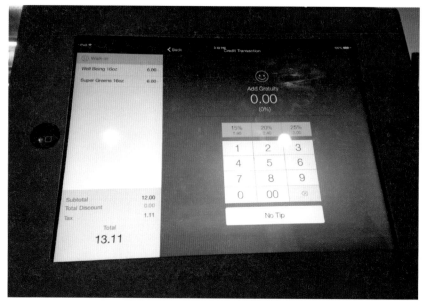

터치스크린 팁 결제 화면

 상식 백과: 미국의 음식

　미국에 처음 방문하면 놀라는 것이 마트에 진열된 엄청난 가공식품과 냉동식품, 어디서나 눈에 띄는 고도비만자들이다. 미국의 자극적인 고칼로리 음식과 이를 광고하는 매체를 보면 고도비만자들이 왜 이렇게 많은지 수긍이 간다. 또한 미국 어디를 가나 마주치는 수많은 패스트푸드점의 저렴한 음식들을 보면, 기름진 음식에 중독되지 않을 수 없어 보인다.

　패스트푸드가 세계적으로 대중화되어 있기는 하지만, 사실 패스트푸드만이 미국 음식의 전부인 것은 아니다. 피자, 파스타, 타코처럼 이탈리아나 멕시코 등에서 미국으로 이민 온 사람들에 의해 미국식으로 진화된 음식들이 많다. 미국의 대표적인 음식인 햄버거도 독일 함부르크 지역의 스테이크가 미국으로 건너와 미국식 햄버거가 됐다는 설이 지배적이다. 또한 미국인들은 빵과 감자, 고기를 즐겨 먹지만, 지역이나 기후 조건에 따라 식재료와 요리하는 방식이 다르다. 예컨대 미국 남부 지역은 케이준과 크리올 요리가 유명하며, 튀긴 요리가 많다.

미국을 대표하는 음식인 햄버거와 감자튀김

3장

미국의 교육 : 국가 경쟁력의 원동력

미국의 교육 시스템은 지금까지 국가 경쟁력의 발판이 되어 왔다. 무엇보다 미국이 세계 경제, 과학, 군사, 의료, 문화 대국의 지위를 유지하는 데 교육의 힘이 있었음을 간과할 수는 없다. 오늘날 세계 최고 수준의 고등교육 경쟁력을 지닌 미국은 막대한 자금을 교육 분야에 투자하고 있다. 경제협력개발기구(OECD)의 자료에 의하면, 2011년 기준으로 미국의 연간 학생 1인당 공교육비는 고등교육 과정의 경우 2만 6,021달러로 우리나라(9,927달러)보다 두 배 이상 많다. 물론 교육비 투자액만으로 한 국가의 교육정책과 제도, 역량 등을 평가할 수는 없다. 하지만 미국이 인적 자원에 투자함으로써 세계를 선도하는 인재를 키워 내는 고등교육 시스템을 안정적으로 작동시키는 나라인 것만은 확실하다.

1. 교육권 보장과 교육 기회의 평등

미국의 교육제도

미국에서 교육 시스템 관련 권한은 대부분 주 정부와 지방 정부가 나눠 가지고 있다. 각 주마다 교육 관련 법과 제도가 있고, 주마다 학년제와 의무교육 기간이 조금씩 다르다. 또한 교육과 관련된 많은 권한들이 각 교육청에 위임되어 있다. 학교 시스템을 관장하는 교육청은 학군마다 있으며, 미국 전역에는 약 1만 5,000여 개의 학군이 있다.

미국의 교육체제는 크게 네 단계로 구분된다. 만 5세 이하의 취학 전 교육(Early Childhood Education), 유치원부터 초등학교까지의 초등교육(Primary Education), 중학교와 고등학교의 중등교육(Secondary Education), 대학교와 대학원의 고등교육(Higher Education)이다. '데이케어(Day Care)'나 '프리스쿨(Pre-School)'이라는 취학 전 교육은 대부분 민간 기관에서 운영하기 때문에 비용이 비싼 편이다. 또한 미국에서 유치원 교육은 'K(Kindergarten)학년'으로 분류해 초등학교 내에 편제시켜 운영하는 경우가 많다. K학년은 의무교육은 아니지만 공교육 체계로 운영한다. 연방 법률에 따라 공립학교는 유치원(K학년)부터 12학년까지 무상교육을 실시한다. 공립학교는 주 정부와 지방 정부의 세금, 그리고 기금으로 운영된다.

주마다 차이는 있지만 대부분 초등학교는 K학년에서 5학년까지, 중학교는 6학년에서 8학년까지, 고등학교는 9학년에서 12학년까지로 구성되어 있다. 즉 학제가 K학년부터 12학년 단계로 이루어져 있으며(K-12, 흔히 케이 투웰브라고 부른다), 의무교육 기간은 11~13년 사이다. 의무교육을 마

미국 초등학교 교실

친 학생들의 약 40퍼센트가 고등교육기관인 대학에 진학한다. 미국의 대학들은 연구 중심 대학원으로 발전해 왔으며, 지식 창출과 국가 발전을 이끌고 있다. 현재 우리나라는 중국, 인도에 이어 미국 대학에 가장 많은 유학생을 보내는 국가이다.

교육 기회의 평등

미국은 교육 결과의 평등이 아닌 교육 기회의 평등을 지향한다. 교육에서만큼은 누구에게나 동일한 기회를 제공해야 한다는 원칙을 고수하고 있다. 불법 체류자의 자녀들도 의무교육 연령이 되면 공립학교에서 교육받을 수 있다. 실제로 지난 2014년 5월 미국 법무부와 교육부는 공동으로 '미국의 모든 어린이들은 그들의 인종, 피부색, 국적, 시민권, 체류 신분에 상관없이 동일하게 공립 초등학교와 중고등학교에서 교육받을 권리가 있다.'라는 내용의 교육 지침을 모든 교육청에 내려보냈다. 이처럼 미국은 교육의 출발선을 동일하게 만들기 위해 법과 제도를 지속적으로 개선해 나가고 있다.

그러나 불과 60여 년 전만 해도 미국에서는 백인 학교와 흑인 학교를 분리해서 운영했다. 흑인들은 백인들이 다니는 학교에 다닐 수 없었다. 그 대표적인 예를 살펴보자. 1951년 캔자스 주 토피카에 살았던 여덟 살 흑인 소녀 린다 브라운Linda Brown은 1.6킬로미터 떨어진 흑인 학교의 3학년이었다. 집에서 가까운 백인 학교에 다니고 싶었지만 입학을 거절당했기 때문이었다. 린다의 아버지 올리버 브라운Oliver L. Brown은 입학을 거절당한 것은 부당하다며 토피카 교육위원회를 상대로 소송을 제기했다. 일명 '브라운 대(對) 토피카 교육위원회(Brown v. Board of Education of Topeka)' 사건이라 일컬어지는 재판은 연방 대법원까지 올라갔고, 마침내 1954년 5월 17일 연방 대법원은 '공립학교에서의 인종 분리는 위헌'이라는 판결을 내렸다. 당시 연방 대법원장이었던 얼 워런Earl Warren은 판결을 통해 '빠른 시일 안에 남부 주들의 인종별 학교들을 통합하라'라고 명령했다.

현재 미국에서는 대부분의 공립학교들이 ESL(English as a Second Language) 교육 프로그램을 운영한다. ESL 교육 프로그램은 영어를 못하거나 서투른 학생들을 대상으로 정규 과목 수업 이외에 영어 교습을 따로 하는 것을 말한다. 캘리포니아 주처럼 히스패닉이나 아시아인의 비율이 높은 지역 학교에서 ESL 교육 프로그램이 활발하다. 이 밖에도 미국 연방 정부의 '헤드 스타트(Head Start)'처럼 국가가 취학 전 빈곤층 자녀들에게 교육, 복지, 의료 등의 혜택을 포괄적으로 제공하는 프로그램도 있다. 헤드 스타트는 저소득층 자녀들이 중상류층 자녀들과 동등하게 초등학교 생활을 시작할 수 있도록 하는, 즉 교육 기회의 불평등을 해소하고 빈곤을 퇴치하기 위한 프로그램이다.

테스티모니얼: 이민자들에게 제2언어로서 영어 가르치기
Teaching English as a second language to immigrants

내 이름은 프랭크 존스이고, 나이는 81세다. 1958년 의과대학을 졸업한 후 40년 동안 외과 전문의로 일했다. 1998년 은퇴한 후에는 대학으로 돌아가서 교육학 석사 학위를 취득했다. 그리고 1999년부터 16년간 이민자들을 대상으로 제2언어로서 영어를 가르치고 있다. 현재 나는 일주일에 세 번 오전에 영어를 가르친다.

나는 강사비를 받고 있지 않지만 충분히 보상받고 있다고 생각한다. 영어 자원 교사라는 두 번째 직업을 택한 이유는 두 가지다. 첫째로 다른 사람을 돕기 위해서고, 둘째로는 나 자신을 돕기 위해서다.

한평생 나는 운이 매우 좋았다. 나는 20세기에 미국에서 태어났다. 부모님 모두 대학 학위를 받으셨는데, 이것은 내가 태어난 1934년 당시에는 흔한 일이 아니었다. 게다가 나는 평생 건강하게 살아왔다. 비록 내가 어렸을 때 아버지가 돌아가셔서 가난하기는 했지만, 다행스럽게도 내 고향에는 훌륭한 교육 환경을 제공하면서도 저렴한 학비로 다닐 수 있는 공립학교들과 주립 대학이 있었다. 학비 대부분은 세금으로 충당되었다. 이곳 사회는 나에게 질 좋은 교육을 지원하는 등 많은 도움을 주었기에, 나도 다른 사람들을 도움으로써 사회에 진 빚을 갚아야 한다는 의무감을 느낀다.

영어를 가르치면서 나 또한 많은 이득을 얻고 있다. 나는 이제 학생들로부터의 지적인 자극 없이는 살 수 없을 것 같다. 영어를 가르치기 위해서는 끊임없이 공부를 해야 할 뿐만 아니라, 수업 계획을 수립하고 체계화해야 한다. 게다가 수업 시간에는 전 세계에서 온 학생들로부터 여러 주제에 대해 다양한 관점을 듣고 많은 것을 배울 수 있다. 나이가 들수록 나와 다른 생각을 가진 젊은이들과 어울리는 것이 큰 가치가 있다는 것을 깨닫게 된다. 또한 내가 의미 있는 일을 한다는 이 단순한 사실이 내 육체와 정신의 건강을 유지하는 데 도움을 준다.

마지막 중요한 요소는 사랑이다. 수업을 하면서 학생들에 대한 진정한 애정이 커져 간다. 가끔 내 자녀들보다 어린 학생들이 그들의 문제를 가지고 날 찾아오면, 내 자녀들을 보듯이 그들을 보게 된다. 이렇게 다른 사람들과의 친밀한 관계가 육체와 정신의 건강에 좋은 영향을 준다고 확신한다. 영어 자원 교사라는 두 번째 직업은 나에게 큰 행복을 가져다주었다.

My name is Frank Jones. I am 81 years old. I graduated from medical school in 1958 and retired in 1998. I was a surgeon for 40 years. After retirement, I returned to university and got a master's degree in education. I began teaching English as a second language to immigrants in 1999 and have been teaching English for the past 16 years. I teach three mornings a week. I do not get paid money for my work, but I believe that I am richly rewarded. I work at my second career for two reasons: to help other people and to help myself.

I have been extremely fortunate throughout my life. I was born in the United States of America in the 20th century. Both my parents had university degrees, which was uncommon in 1934 when I was born. I have had good health all my life. Although my father died when I was quite young, and we had little money, public schools in my hometown were very good, and the state university which was located in our town was excellent, and tuition was very cheap, the majority of the costs being paid by society through taxes.

Because society helped me so much by subsidizing an excellent education, I feel obligated to repay some of this debt to society by helping others.

I also get many benefits from my work. I could not live without the intellectual stimulation that I get from my students. I must study constantly, and I must work to prepare and organize my lesson plans. In addition, I learn a great deal from my students, who come from all over the world. I learn a lot by hearing a different perspective on many topics. As I get older, I realize the value of contact with young people, whose ideas are often quite different from my own. In addition, the simple fact of having meaningful work to do helps to maintain my physical and mental health.

A final important factor is that of love. I develop a real affection for my students. Sometimes they come to me with their problems, and I begin to think of them in the same way I think of my children, even though all of my students are younger than my real children. I am sure that this close connection with others also contributes to my mental and physical health. My second career as a volunteer teacher of English brought me much happiness.

프랭크 존스Frank Jones | 영어 자원 교사

상식 백과: 리틀록 나인(Little Rock Nine) 사건[5]

1954년 연방 대법원의 브라운 판결 이후에도 남부 대부분의 주에서는 인종 분리 교육을 지속했다. 1957년 남부 아칸소 주의 백인 학교였던 리틀록 센트럴 고등학교에 흑인 학생 9명(남학생 6명, 여학생 3명)이 등록했다. 그러자 백인 학생들과 학부모들은 교문 앞에서 이들에게 모욕적인 말을 퍼부으며 학교에 못 들어가도록 막았다. 당시 주지사였던 오벌 포버스Orval E. Faubus도 주 방위군을 투입해 흑인 학생들의 등교를 막았다. 이 소식을 접한 드와이트 아이젠하워Dwight D. Eisenhower 대통령은 연방군 제101 공수 사단 병력을 파견해 흑인 학생들이 등교할 수 있도록 하였다. 연방군 병사들이 흑인 학생들을 호위하며 등교시킨 것이었다.

 상식 백과: 미국 최초의 공립학교인 보스턴 라틴 학교[6]

미국 매사추세츠 주 보스턴에 있는 '보스턴 라틴 학교(Boston Latin School)'는 미국 최초의 공립학교이자 미국에서 현존하는 가장 오래된 학교다. 보스턴 라틴 학교는 영국 청교도 목사인 존 카튼John Cotton의 헌신적인 노력으로 1635년 4월 23일 보스턴 구 시청 건물 모퉁이에서 시작되었다. 이는 미국 최초의 대학인 하버드 칼리지보다 1년 먼저 설립된 것이었다. 보스턴 라틴 학교는 현재 보스턴 루이 파스퇴르 거리(Avenue Louis Pasteur)로 이전했으며, 구 시청사 앞 스쿨 거리 바닥에는 옛 보스턴 라틴 학교가 있던 자리 표시만 남아 있다.

유구한 역사를 자랑하는 보스턴 라틴 학교를 다녔던 학생들 중에는 1776년 미국 독립선언서에 서명한 존 핸콕John Hancock, 새뮤얼 애덤스Samuel Adams, 벤저민 프랭클린Benjamin Franklin, 로버트 트리트 페인Robert Treat Paine, 윌리엄 후퍼William Hooper가 있다.

오늘날 보스턴 라틴 학교는 2015년 미국 시사 주간지 〈U.S.뉴스&월드리포트〉가 발표한 '미국 최고 고등학교' 순위에서 38위(매사추세츠 주에서는 2위)를 차지했을 정도로, 미국 내에서 명문 공립학교로 꼽힌다.

보스턴 라틴 학교가 있던 자리 표시

인물 탐구: 미국 공교육의 아버지 호레이스 만

미국 매사추세츠 주 프랭클린의 한 농장에서 태어난 호레이스 만Horace Mann은 미국의 정치가이자 교육 개혁가다. 제대로 된 교육 기회를 갖지 못했던 그는 벤저민 프랭클린의 후원을 받은 지역 도서관에서 지적 욕구를 충족하며 혼자 공부했다.

독학으로 스무 살에 브라운 대학에 입학한 호레이스 만은 1827년 매사추세츠 주의 하원 의원으로 선출되었다. '다음 세대의 이익'을 위해 법학보다 교육학에 더욱 관심을 갖게 된 그는 1837년 미국 매사추세츠 주의 초대 교육위원회 위원장으로 선출되어 미국 공립학교 조직의 기본을 다졌다. 교육의 목적을 성별이나 빈부의 격차 없이 질 높은 공교육을 널리 보급하는 것이라 본 그는, 1821년 보스턴 공립 중학교를 최초로 설립했다. 그리고 1852년에는 미국 최초로 매사추세츠 주에 의무교육 제도를 실시하는데 이바지했다. 미국 최초로 주립 사범학교(Normal Schools)를 설립해 자질 높은 교사를 배출하고 교사의 지위를 개선하는 데에도 일조했다.

도덕 교육의 중요성을 강조하고 학교 교육에서 체벌을 배제하는가 하면, 음악과 체육 등 예체능 과목을 초등학교 과목으로 도입하며 미국 공교육 제도의 기틀을 마련했다. 이 같은 그의 업적과 노력으로 호레이스 만은 '아메리카의 페스탈로치'로 불리기도 한다.

장애아와 비장애아의 통합 교육

미국 일반 공립학교에 등록된 장애아의 비율은 10퍼센트가 넘는다. 공립학교에 다니는 대부분의 장애아들은 비장애아들과 함께 한 교실에서 똑같이 수업을 받고 똑같이 교육 활동에 참여한다. 굳이 다른 점을 찾자면 담임교사 외에 특수교사가 장애아와 늘 함께 하면서 학습을 도와준다는 것이다. 이처럼 비장애아들은 어려서부터 장애아들과 함께 수업을 받기 때문에, 장애아에 대한 왜곡된 감정이나 편견에 사로잡히지 않는다. 장애 아들도 특수환 환경이 아닌 일반적인 교육 환경에서 또래와 함께 어울리며 활동하기 때문에, 사회 공동체의 일원으로서 성장하며 자립할 수 있다.

필자가 미국 초등학교 학부모 참관수업에 다녀왔을 때 일이다. 1년에 한 번 아이들이 창작한 시와 수필, 연극 등을 부모님 앞에서 발표하는 공개수업이었다. 아이들이 한 명씩 앞으로 나와 발표를 했었는데, 장애아도 특수교사의 도움을 받아 다른 아이들과 똑같이 시를 낭독하고 연극도 했다. 통합 교육을 하고 있다는 걸 몰랐던 필자는 집에 와서 딸아이에게 장애아도 똑같이 수업을 받는지 물었다. 그러자 아이는 아빠가 그런 것을 물어보는 것이 이상하다는 듯 대답했다. 정작 아이는 장애아가 한 반에서 공부하는 것이 특별하다는 생각을 전혀 하지 않고 있었던 것이다.

일반 공립학교에서 통합 교육이 가능하려면 예산이 필요하다. 즉, 장애아 한 명당 전담 교사를 한 명씩 배정해서 일반 학급을 운영하려면 재정이 뒷받침되어야 한다. 주마다 차이는 있지만 공립학교에서 특수교사 고용을 위한 예산은 대부분 학부모들이 마련한 기금에서 나온다. 기금이 많을수록 더 많은 특수교사를 고용해서 더 많은 장애아들을 일반 학급에서 교육시킬 수 있다. 사회적 약자에 대한 배려와 공동체 의식이 한 나라의 국민 수준을 결정한다면, 미국은 최소한 공립학교 교육에 있어서만큼은 분명 선진국이다.

2. 교육과정의 차별화와 학교 선택의 자유

수준별 차별화 수업

능력별 개별화 수업은 미국 교육의 대표적인 특징이다. 주마다 차이는 있지만 초등학교 때부터 대부분의 학교들이 학생들의 학업 능력을 4~5단계로 나누어 수준별 수업을 실시한다. 주로 언어와 수학 등 특정 과목에 한해 수준별 수업을 진행한다. 수업은 같은 교실 안에서 수준별로 집단을 나누어 하기도 하고, 수준별로 반을 이동해 수업을 진행하기도 한다.

일반적으로 학습 능력이 뛰어난 학생들은 심화 학습을 받고, 학습 능력이 떨어지는 학생들은 보충 수업을 받는다. 실례로 테네시 주 내쉬빌의 공립학교의 경우, 테네시 주 학력평가시험(TCAP)을 통해 학업 능력이 우수한 학생들을 대상으로 앙코르반(Encore classes)을 운영한다. TCAP 과목인 언어, 수학, 과학, 사회 과목에서 상위 5퍼센트 안에 드는 학생들을 1차대상으로 선발한 후, 이들의 학업 능력을 검증하는 2차 시험을 치른다. 이검증 시험을 통과한 학생들은 주 1회 앙코르반으로 이동해 앙코르 프로그램(Encore program) 수업을 듣는다.

미국 학교는 학생들의 학업 능력 차이를 제도적으로 인정한다. 그렇기에 학교에 따라 능력별로 학급을 편성하는 것은 물론이고, 무학년제를 실시하는 등 다양한 형태의 교육과정이 존재한다. 특히 고등학생들은 교과 과정을 선택할 수 있다. 예컨대 학교장의 추천을 받아 대학 과목 선이수제인 AP(Advanced Placement)를 수강할 수 있다. 학생들은 AP를 수강함으로써 대학 입시에서 유리한 고지를 점할 수 있고, 보다 깊이 있는 지식을 접하면서 자신의 적성을 면밀히 파악할 수 있다.

다양한 형태의 공립학교

미국 교육부 산하 교육통계센터(NCES: The National Center for Education Statistics)의 자료에 의하면, 2015년 가을 학기 미국에서 고등학교 이하 공립학교를 다니는 학생은 약 5010만 명이고 사립학교에 다니는 학생은 약 490만 명이다. 미국 학생의 90퍼센트 정도가 공립학교에 다니는 것이다. 공립학교 중에는 자율형 학교인 차터 스쿨(Charter School)이 있다. 차터 스쿨은 일반 공립학교와 마찬가지로 주 정부와 지방 정부의 세금으로 운영되지만, 주 정부의 규제 없이 학부모, 교사, 지역인사, 기업 등이 공동으로 운영위원회를 구성해 자율적으로 교육과정을 운영한다.

교육 인가서(Charter)를 받은 민간 주체가 학교를 운영하지만, 철저한 심사와 주기적인 평가가 뒤따른다. 학생들은 학군에 상관없이 차터 스쿨에 입학 지원을 할 수 있다. 우리나라의 자율 혁신 학교가 바로 미국의 차터 스쿨을 벤치마킹한 것이다. 미국 공립학교에 다니는 학생들 가운데 차터 스쿨에 다니는 학생은 2011년 기준 200만 명으로, 그 수는 매년 증가

하고 있다.

차터 스쿨 이외에도 공립학교 시스템의 일환으로 마그넷 스쿨(Magnet School)이 있다. 마그넷 스쿨은 언어, 수학, 자연과학, 사회과학, 미술 등 특정 분야에 재능이 있는 학생들을 유치하기 위해 특성화된 교육과정을 운영하는 공립학교다. 마그넷 스쿨은 차터 스쿨과 마찬가지로 학군에 상관없이 학생들을 모집한다. 많은 마그넷 스쿨이 지원 자격을 갖춘 학생들을 대상으로 추첨을 통해 선발하지만, 입학시험과 인터뷰, 오디션을 통해 학생을 선발하는 마그넷 스쿨도 있다.

차터 스쿨과 마그넷 스쿨의 인기와 대조적으로 일반 공립학교들은 부실한 재정과 우수 학생 이탈로 위기를 맞기도 한다. 특히 주 정부와 지방 정부의 지원금과 학부모의 기부금이 적은 지역의 공립학교들은 교육열뿐만 아니라 교육의 질도 떨어지는 경우가 많다. 물론 학군이 좋은 지역의 공립학교들은 사립학교 못지않게 우수한 교육 시설을 갖추고 있으며 높은 대학진학률을 자랑한다. 우리나라와 마찬가지로 미국에서도 학군이 좋은 동네는 집값이 비싸다. 한편 미국 교육부는 학업 발전과 학업 성취도가 우수한 학교를 '내셔널 블루리본 스쿨(National Blue Ribbon School)'로 선정해 발표함으로써 학교들의 교육 역량 강화를 꾀하고 있다.

테스티모니얼: 마그넷 스쿨

8학년에 재학 중인 저희 아이가 다니는 마그넷 스쿨은 미국의 일반 공립학교보다는 전반적으로 심도있는 학업을 진행하는 특성화된 학교입니다. 자녀를 사립학교에 보낼 생각이 없는 대부분의 학부모들은 자녀가 초등학교를 졸업할 때쯤 되면 중학교부터 마그넷 스쿨에 보내려고 합니다. 그러나 마그넷 스쿨은 일반 공립학교처럼 미국의 모든 지역에 있지는 않습니다. 때문에 미국에서는 마그넷 스쿨의 지원율이 매년 높아지는 추세입니다.

마그넷 스쿨 입학은 학교가 정한 지원 자격을 갖춘 학생들을 대상으로 추첨해서 결정합니다. 예를 들어 저희 아이가 다니는, 학업으로 특성화된 마그넷 스쿨은 초등학교 3학년 이후 학업 성적 B+이상, 주(州) 학력 평가 시험 성적 'Proficient' 이상을 지원 자격으로 합니다. 이처럼 마그넷 스쿨은 어느 정도 학습 능력을 갖춘 학생들을 대상으로 하기 때문에 일반 공립학교보다는 학업에 임하는 학생들의 자세가 성실하고 학습 의지 또한 높습니다. 마그넷 스쿨이 요구한 지원 자격은 갖췄지만 추첨에서 떨어져 입학하지 못한 학생들은 거주지 학군 내의 일반 공립학교나 사립학교로 진학합니다. 또는 그 다음 해에 마그넷 스쿨을 다시 지원하기도 합니다.

대부분의 미국 학부모들처럼 저희 부부도 아이가 초등학교를 졸업하기 전에 사립학교를 포함해 여러 중학교들을 방문했습니다. 학교 방문 후 미국에 사는 외국인(한국인)으로서 마그넷 스쿨을 선택한 가장 큰 이유는 마그넷 스쿨의 다양성 때문이었습니다. 저희 아이가 다니는 마그넷 스쿨은 외국인 학생의 비율이 일반 공립학교의 그것보다 높습니다. 마그넷 스쿨에 입학하면 공교육 체계하에서 심화 학습과 특화된 교육을 받을 수 있다는 장점이 있을 뿐만 아니라, 다양한 인종과 문화가 공존하는 환경에서 학습할 수 있다고 판단했습니다. 즉, 세상을 바라보는 시야가 넓어지고 자율성이 높아질 것이라고 기대했기에 자녀를 마그넷 스쿨에 보냈습니다.

정성애 | 마그넷 스쿨 재학생 학부모

교육 환경이 우수한 사립학교

앞서 말한 공립학교와 달리 사립학교는 주 정부나 지방 정부로부터 재정 지원을 받지 않는다. 학비와 기금으로 자체적으로 예산을 편성해 학교를 운영한다. 일반적으로 사립학교는 공립학교에 비해 교육 시설이 좋고, 교사 대 학생 비율이 낮다. 미국 교육통계센터(NCES) 자료에 의하면, 2015년 가을 학기 공립학교는 교사 1인당 학생 수가 16명인 데 반해, 사립학교는 교사 1인당 학생 수가 12.5명에 불과하다. 또한 사립학교는 학부모들의 교육열이 우리나라 못지않게 높으며, 수업 시간과 과제의 양도 공립학교보다는 많은 편이다. 무엇보다 미국의 사립학교는 일반 공립학교보다 자율적으로 교과 과정을 운영하기 때문에 스포츠나 예술과 관련한 교육 프로그램이 다양하다.

사립학교 중에서 기숙사를 운영하는 보딩 스쿨(Boarding School)의 학비는 웬만한 대학 등록금 못지않게 비싸다. 학비만 연간 4만 달러가 넘는 보딩 스쿨들도 수두룩하다. 특히 미국의 명문 보딩 스쿨들은 예나 지금이나 정·재계의 상류층 자녀들이 많이 다닌다. 아버지 부시(조지 H.W. 부시)와 아들 부시(조지 W. 부시) 대통령은 모두 필립스 앤도버 아카데미(Philips Andover Academy)를 졸업했고, 미국 제14대 대통령 프랭클린 피어스Franklin Pierce와 페이스북 창업자 마크 저커버그는 필립스 엑시터 아카데미(Philips Exeter Academy)를, 존 F. 케네디 대통령은 초트 로즈마리 홀(Choate Rosemary Hall)을 졸업했다. 이 학교들은 모두 미국 최고의 명문 사립학교들이다. 물론 자녀를 명문 사립학교에 보내려는 중산층 미국인들

하퍼스 홀 스쿨

테네시 주 내쉬빌에 위치한 하퍼스 홀 스쿨(Harpeth Hall School)은 미국에서 손꼽히는 명문 여자 사립학교다. 아카데미 여우주연상을 수상한 영화배우 리즈 위더스푼Reese Witherspoon이 하퍼스 홀 스쿨을 졸업하고 스탠퍼드 대학 영문학과에 입학했다.

도 적지 않다. 자녀를 사립학교에 보내는 목적 중의 하나가 하버드나 예일, MIT, 프린스턴, 스탠퍼드와 같은 명문 대학에 보내는 것이기 때문이다.

점차 커져 가는 사교육 시장

사교육 시장은 미국에도 존재한다. 우리나라 사교육 시장이 영어나 수학 같은 교과목 선행 학습에 치중되어 있다면, 미국은 예체능 계열의 사교육 시장이 발달해 있다. 그렇다고 미국의 사교육 시장이 우리나라처럼 비정상적으로 과열된 것은 아니다. 미국은 아직까지 공교육에 대한 신뢰도가 높다. 하지만 미국에서 좋은 대학에 가려면 예체능도 잘 해야 하기 때문에, 방과 후 축구, 테니스, 소프트볼, 수영, 체조, 승마, 바이올린, 피아노와 같은 사교육을 받는 학생들이 적지 않다. 특히 초등학생들은 여름방학 때 음악, 미술, 스포츠, 과학 등의 프로그램으로 구성된 서머스쿨을 많이 다닌다. YMCA와 같은 비영리 기관이나 종교 단체에서 운영하는 서머스쿨은 비용이 저렴하지만, 사립학교나 미술관, 학원 등에서 운영하는 서머스쿨의 등록비는 주당 400달러가 훌쩍 넘기도 한다.

최근에는 미국에서도 대학 입시 경쟁이 점점 치열해지고 있다. 때문에 중상류층 미국인들 중 많은 이들이 자녀의 SAT(Scholastic Aptitude Test, 미국의 대학 입학 자격 시험) 점수를 높이기 위해 비평적 독해, 수학, 작문 영역의 개인 과외를 시키고 있다. 일부 고소득층 학생들은 시간당 500달러가 넘는, 우리나라 돈으로 한 달에 1000만 원이 넘는 고액 과외도 받는다. 부모의 경제력에 따라 받을 수 있는 교육의 질에 큰 차이가 나는, 이른바 교육의 '빈익빈 부익부' 현상이 앞으로는 미국에서도 점차 심화되지 않을까 예상해 본다.

테스티모니얼: 미국 서머 캠프

학부모라면 누구나 여름방학에 아이들과 무엇을 하며 지낼까 고민한다. 특히 맞벌이 부부의 경우 아이들이 학교에 가지 않는 방학이 큰 고민거리다. 미국에서는 두 달이 넘는 여름방학 동안 다양한 기관에서 다양한 주제로 서머 캠프를 진행한다. 캠프는 보통 오전 9시부터 오후 4시까지 진행되는데, 하루에 10달러 내외의 비용을 더 내면 아침 돌봄(7시 30분~9시)과 오후 돌봄(4시~6시) 프로그램을 이용할 수 있다. 서머 캠프는 주 단위로 등록을 받으며, 캠프 비용은 주당 200~300달러 정도이다.

우리 가족이 사는 데이비슨 카운티에는 어드벤처 사이언스 센터의 과학 캠프, 프리스트 센터의 미술 캠프, YMCA의 스포츠 캠프, 그리고 여러 사립 기관에서 제공하는 다양한 캠프들이 있다. 우리 아이들은 이번 여름방학 때 한 사립대학에서 진행하는 스포츠 캠프에 등록했다. 연령별로 그룹을 나누어 수영, 볼링, 피구, 농구, 야구, 암벽 등반 등 각종 게임을 했다. 하루 종일 몸으로 뛰어 노는 캠프인지라 아이들이 무척 즐거워 했다. 우리 아이들은 미국에 온 지 얼마 되지 않아 영어가 서툴렀다. 그래서 다른 아이들과 잘 소통하며 어울릴 수 있을지 걱정했다. 그러나 아이들이 말보다는 놀이를 통해 친구가 되어 가는 모습을 보고 나서는 이내 마음이 놓였다.

물론 미국 부모들이 아이들을 방학 내내 캠프에만 보내는 것은 아니다. 미국 직장인들은 한국보다 휴가 일수가 많다. 회사마다 다르지만 한 달에 20일 근무하는 경우 1년에 약 20일 정도의 휴가가 주어진다. 그렇기 때문에 부모들은 여름방학 때 긴 휴가를 내서 아이들과 여행도 다니고, 미술관, 도서관, 과학관에도 함께 손잡고 갈 수 있다. 조금 특별하게 느껴졌던 것은 서머 캠프 외에 도서관에서 주관하는 프로그램은 대부분 무료라는 것이다. 또 미술관이나 과학관의 경우, 연간 회원권을 구입할 때 가족당 어른 2명과 아이 4명까지 가입이 가능하다는 것이다. 무려 4명의 자녀까지 가입할 수 있다는 점 때문에 다자녀 가구에 대한 미국 사회의 배려가 부러웠다.

엄윤정 | 미국 초등학교 1학년, 4학년 재학생 학부모

3. 학부모와 교사가 함께 만들어가는 학교

학부모회(PTO)의 적극적인 모금 활동

학부모회(PTO: Parent Teacher Organization)는 우리나라의 학교운영위원회와 비슷한 조직이다. 차이가 있다면 한국보다 훨씬 더 많은 학부모들이 학부모회를 통해 학교 행사에 적극적으로 참여한다는 것이다. 대체로 미국 학부모들은 교사와 학생, 학부모가 함께 학교를 운영한다는 생각을 갖고 있다. 때문에 학부모회에서 결정하는 사안들이 학교 운영에 미치는 영향이 큰 편이다. 학부모회 조직도 회장, 부회장, 회계, 분과위원장 등으로 매우 체계화되어 있다. PTO 또는 PTA(Parent Teacher Association)라 불리는 학부모회는 학교마다 역할이 조금씩 차이는 있지만, 대부분 학교 행사 주관 및 지원, 도서관 활동 지원, 환경 미화, 자원봉사 활동, 기금 모금 등을 한다. 또한 학부모회에서 주관하는 독서 경진대회, 소풍, 바자회, 축제 등 다양한 이벤트와 프로그램은 아이들에게 학교를 즐거운 곳으로 인식하게 한다.

이처럼 미국 학교의 학부모회는 학교 또는 교사와 학부모 사이를 잇는 가교 역할을 한다. 학부모회 모임 참여는 의무는 아니다. 하지만 다른 학부모들과 정보를 공유하고 교사와 커뮤니케이션 할 수 있는 좋은 기회다.

학부모의 밤(Parent's Night)
학년 초 학부모들에게 PTO 운영 방안을 소개하는 모임

보통 학부모회 모임은 보다 많은 학부모들이 참여할 수 있는 저녁 시간에 열린다.

어느 학교에서나 기금 모금은 학부모회의 핵심 활동이다. 더 많은 모금을 하기 위해 감성적인 프레젠테이션과 홍보 브로셔를 제작하기도 한다. 또한 모금 홍보 영상을 링크한 이메일을 전체 학부모들에게 보내 기금이 필요한 이유를 구체적으로 설명하고, 더 많은 학부모들이 참여하도록 동기를 부여한다. PTO 기금 목표액은 학교마다 다르지만, 미국 남부의 한 공립 초등학교의 경우 1년에 20만 달러 이상 모금한다. 전교생이 500명 가량인 초등학교에서 1년 동안 우리나라 돈으로 2억 원이 넘는 돈을 모금한다는 것도 놀랍지만, 더 놀라운 것은 그것이 한 해에 그치는 게 아니라는 것이다. 모금액은 매년 비슷한 정도로 유지된다.

학부모들의 활발한 수업 참여

미국에서도 소위 학군이 좋다는 지역에 사는 학부모들은 우리나라 부모들 못지않게 교육에 관심이 높다. 학부모들이 학교 일에 적극적으로 참여하며, 특히 학교 운영과 교육 환경 개선, 수업의 질에 관심이 많다. 예를 들어 수학 시간에 도형에 대해 학습한다고 담임 선생님이 가정 통신문을 보내면, 학부모들이 아이들 학습에 도움이 되는 큐브나 퍼즐 같은 교구들을 학교로 보낸다. 학부모가 보조 교사로 교실에서 학생들을 도와주는 경우도 흔하다. 예를 들어 학부모 중에 대학에서 물리학을 가르치는 부모가 있다면 일일 교사로 참여해 선생님의 과학 수업을 돕거나 하는 식이다.

미국 초등학교는 우리나라처럼 학급 회장이나 반장이 없다. 대신 학부모들 중 1명 또는 2~3명을 '교실 부모(Room Parent)'로 뽑아 담임 선생님과 학부모 간의 가교 역할을 하도록 한다. 이러한 교실 부모를 보통 '룸 맘(Room Mom)'이라고 부른다. 룸 맘은 학교나 학급의 행사나 이슈가 있을 때 선생님을 대신해 학부모들에게 연락을 하고, 학부모들의 의견을 선생님한테 전달하기도 한다. 미국인들이 개인주의 성향이 강하다고는 하지만, 교육에 있어서만큼은 공동 운명체 지향적인 성향이 강하다는 것을 부인할 수 없다.

테스티모니얼: 미국 초등학교 룸 맘

큰아이가 다니고 있는 초등학교에는 자발적 참여를 통해 선출된 룸 맘들이 있습니다. 때로는 자발적 참여 외에도 선생님의 부탁이나 주변 부모의 추천으로 룸 맘이 되는 경우도 있는데, 소극적이던 저는 후자에 속했습니다. 하지만 이 특별한 기회를 통해 선생님과 학급의 필요를 알게 되어 이제는 보다 적극적으로 학급과 학교의 일에 참여할 수 있게 되었습니다.

룸 맘 또는 룸 페어런트는 학급당 한 명인 경우도 있고 다수인 경우도 있습니다. 보통 학부모의 수업 참여와 자원봉사 활동이 많은 저학년 학급에서는 룸 맘이 두 명 이상인 경우가 많습니다. 룸 맘의 역할은 학교마다, 선생님의 성향에 따라 다릅니다. 그렇지만 일반적으로 룸 맘은 학급 파티 주관, 교실 내외 환경 미화, 학급 이벤트를 위한 기금 모금, 학급 운영비 운영, 기타 선생님이 필요로 하는 일에 대해 자원봉사 스케줄을 짜고 학부모에게 배분하는 역할을 합니다. 또한 이메일을 통해 선생님과 학부모들 간의 커뮤니케이션을 활성화하고, 필요한 경우 미팅을 계획하기도 합니다.

룸 맘을 하더라도 자신의 자녀에게 돌아오는 특별한 혜택은 없습니다. 하지만 학교에 자주 방문하게 됨으로써 자녀의 반 아이들과 친숙해지고 선생님과도 많은 대화를 나눌 수 있습니다. 즉, 자녀의 학교생활을 들여다볼 수 있는 좋은 기회가 됩니다. 이것은 물론 룸 맘이 아니더라도 자원봉사에 참여하는 부모라면 누구나 누릴 수 있는 기회입니다. 미국에서 대부분의 학부모들은 학교에서 자원봉사하는 것을 당연한 일이라고 여깁니다. 그렇다고 학부모가 자원봉사를 하는 이유가 자신의 자녀를 선생님께 잘 보이게 하기 위해서라든가, 자녀에 대한 선생님의 특별한 관심을 목적으로 하는 것은 아닙니다. 그보다는 선생님의 수많은 일들 중 일부를 도와서, 선생님이 아이들 교육에 보다 집중할 수 있도록 하기 위해 자원봉사를 하는 경우가 대부분입니다. 즉 학부모가 자원봉사를 함으로써 아이들이 선생님으로부터 보다 나은 교육을 받을 수 있다는 믿음이 있기에, 학부모들은 교육 동반자로서 자원봉사나 룸 맘에 참여하는 것입니다.

양선진 | 에드몬슨 초등학교 재학생 학부모

학생들의 안전을 최우선시하는 학교

미국에서 몇몇 대도시에 사는 학생들을 제외하고 걸어서 등·하교 하는 학생들은 많지 않다. 보통 스쿨버스를 타거나 부모가 매일 차로 통학시켜준다. 왜냐하면 학교 주변에 걸어 다닐 수 있는 길이 별로 없기 때문이다. 인도가 있더라도 집에서 학교까지 걸어 다닐 만큼 가깝지 않다. 상황이 이렇다 보니, 미국 교사들의 일과 중 가장 중요한 일은 학생들을 안전하게 등·하교시키는 일이다. 교사들뿐만 아니라 교장과 교감도 등·하교 시간에 학생들의 안전을 위해 적극적으로 교통정리를 한다. 교장이 한 손에 무전기를 들고 이리저리 뛰면서 학생들이 안전하게 차에 타고 내리도록 지도하는 모습을 자주 볼 수 있다. 미국 학교에서는 등·하교 시간에 수백 대의 차들이 학교 주차장으로 몰려든다. 교사들이 교통정리를 제대로 못하면 학교 주변 도로는 한순간에 마비된다.

등교 시간 전에 도착한 학생들은 학교 건물 안으로 들어갈 수 없다. 출입문은 등교 시간에 열리고 닫힌다. 등교 시간 이후에 도착한 학생은 학교 행정실의 벨을 누르고 들어가 지각 처리를 한 다음 교실로 가야 한다. 총기 소지가 자유롭고 사고가 많은 나라라서 그런지 이렇듯 학생들의 안전에 매우 민감하다. 겨울에는 폭설로 휴교령이 내려지는 경우도 종종 있다. 눈이 그쳤더라도 스쿨버스가 다니기에 조금이라도 위험한 길이 있다면, 눈이 완전히 치워질 때까지 '폭설로 인한 휴일(Snow Day)'이 계속된다.

교장과 교사의 권한

등·하교 시간에 미국 부모들은 보통 운전석에서 내려 자녀가 차에서 안전하게 내리도록 뒷좌석 문을 열어준다. 그런데 차 문을 빨리 열지 않거나 시간이 지체된다 싶으면 교사나 교장이 다가와 호텔 도어맨처럼 차 문을 열어 주는 경우도 흔하다. 차 문을 열어 주고 교통정리를 한다고 해서 교사와 교장의 권한이 우리나라보다 떨어진다는 것은 아니다. 어떤 면에서는 한국보다 권한이 더 크다고 볼 수 있다. 예컨대 미국 학교에서는 교장 권한으로 전학 온 학생의 학년을 결정할 수 있다. 문제를 일으킨 학생을 퇴학시키는 과정도 한국처럼 복잡하지 않다. 교장이 판단해서 퇴학시키면 그걸로 끝이다. 퇴학당한 학생 학부모가 학교에 와서 교장 멱살을 잡는다든가, 바닥에 드러눕는 건 상상도 할 수 없는 일이다.

미국 학생들은 교장이나 교사도 스스럼없이 대한다. 건의사항이 있으면 바로 이야기하고, 또는 생일 축하 카드를 보내는 등 친근하게 지내기도 한다. 그러면서도 학생으로서 지켜야 할 규칙들은 진지하게 받아들인다.

교사는 벌점이나 상을 통해 규칙이 일관되게 지켜질 수 있도록 학생들을 훈련한다. 예를 들어 교사는 칭찬받을 만한 행동을 한 학생들에게 학급 화폐를 주어 동기부여를 해준다. 그러면 학생들은 학급 화폐를 모아 학급 가게가 열리는 날 작은 문구류를 살 수 있다. 만약 학생이 규칙을 지키지 않았다면 교사는 학생이 좋아하는 특정 활동을 할 기회를 줄이거나 학급 화폐를 벌금으로 내도록 한다. 규칙을 어기는 행동이 반복된다면 교사는 학부모를 불러 면담을 한다. 만약 학부모 면담을 한 후에도 계속 규칙을 어긴다면 교장의 권한으로 해당 학생을 정학시키거나 퇴학시킬 수 있다.

4. 글로벌 경쟁 우위를 견인하는 교육

다양성을 존중하며 칭찬을 아끼지 않는 교육

현재 미국 인구는 3억 2000만 명이다. 그중 백인 비율은 줄어드는 반면 히스패닉과 아시아인 비율은 지속적으로 늘고 있다. 이에 따라 미국의 공립학교에서는 유럽, 아시아, 아프리카, 중남미 등 다양한 인종과 국가의 문화를 반영한 교육 프로그램을 늘리고 있다. 일선 학교의 교사들도 다문화 교육을 이수해야 하며, 교사가 된 이후에도 지속적으로 다문화 연수를 받아야 한다. 미국은 '용광로'라 불리는 나라다. 그만큼 다양한 인종과 문화가 서로 동화되고 융합되면서 하나의 미국을 이루고 있다. 아울러 확연히 다른 문화적 배경을 가진 사람들이 자신들의 문화와 언어를 보존하며 타 문화와 공존하는 '모자이크 사회'이기도 하다. 그렇기에 학생들은 한 교실에서 다양한 인종과 국적, 종교를 가진 친구들과의 상호작용을 통해 서로의 문화를 체험하며 자연스럽게 다양성을 몸에 익히게 된다.

다양성의 수용과 존중은 곧 상대방에 대한 인정으로 이어진다. 모두 그런 것은 아니지만 미국인들은 대부분 상대방을 인정하는 데 익숙하다. 다양한 문화 속에서 타인의 사고와 행동이 '잘못된' 것이 아니라 나의 것과 '다른' 것임을 어릴 때부터 가정과 학교를 통해 배우기 때문이다. 특히 미국 교사들은 과하다 싶을 정도로 학생들을 인정하며 칭찬한다. 이러한 인정과 칭찬의 효과는 두말할 나위 없다. 교사로부터 인정과 칭찬을 받으며 자란 아이들은 자신감이 크게 높아진다. 게다가 견고한 자신감은 감성과 사고를 확장시켜 창의성 개발의 밑바탕이 된다.

창의성을 키우는 교육

2011년 한국교육과정평가원의 《창의적 인재 육성을 위한 중등학교 교육 개선 연구》 보고서에는 다음과 같은 내용이 실렸다. 미국에서는 1950년대 초 심리학자인 조이 길포드Joy P. Guilford가 기존의 지능 검사에서 주로 사용되던 수렴적 사고(Convergent Thinking) 대신 발산적 사고(Divergent Thinking) 중심의 창의적 사고를 강조하기 시작했다. 그때부터 미국에서는 창의성 교육이 주목받았다는 것이다.

실제로 미국에서는 초등학생 때부터 발산적 사고를 자극하는 토론식 수업이 활발하다. 교사가 어떤 주제를 던져 주면 학생들은 자신의 생각과 의견을 정리해 스스럼없이 발표하고 토론한다. 그러한 가운데 생각의 틀에 갇히지 않은 감정들이 자유롭게 표현되고 상상력이 자극됨으로써 창의력이 신장된다. 이러한 창의성은 다양한 체험 활동과 놀이를 통해 강화된다.

오늘날 교과 과정과 연계된 다양한 체험 활동은 미국 창의성 교육의 주축이 되고 있다. 예컨대 과학 수업에서 DNA를 배울 때 학생들은 새로운 변종을 만드는 방법에 대해 관련 전문가들과 협업을 한다. 그럼으로써 하나의 정해진 답이 아닌 다양한 가능성을 모색한다. 이른바 '자기주도적 학습'을 하는 것이다. 미국 중학교(6학년에서 8학년)에서 수학 교과서로 널리 사용되는《연결된 수학Connected Mathematics》도 마찬가지다. 수학 교과서는 공식을 외워 답을 찾는 식으로 구성되어 있지 않다. 《연결된 수학》은 생활과 연계된 게임 활동 등을 통해 '수학을 잘하는 법'이 아닌 '수학적 사고를 잘하는 방법'을 배울 수 있도록 구성되어 있다.

테스티모니얼: 내가 학교에서 하는 일 What I do in school

우리는 학교에서 재미있고 교육적인 것들을 많이 한다. 가장 많이 하는 세 가지는 학습 주제와 관련된 동영상 시청하기, 수업 주제에 관해 그룹을 지어 토론하기, 게임 같은 체험 활동하기 등이다.

먼저 동영상 시청에 대해 설명하자면, 선생님은 질문할 것이 있거나 우리가 뭘 배웠는지 듣고 싶을 때 동영상을 잠시 멈춘다. 동영상의 내용은 수업과 연관된 것이고, 재미도 있다.

다음으로 그룹으로 모여 토론하는 것에 대해 얘기하겠다. 선생님은 누구와 누가 짝을 지을지 정해준다. 가끔은 우리 스스로 짝을 선택하기도 한다. 우리는 교실에 흩어져 돌아가면서 토론을 한다.

마지막으로 체험 활동에 대해 설명하면, 대개 학습 주제와 관련된 게임을 한다. 가장 많이 하는 게임은 퀴즈를 푸는 것이다. 예를 들어 내가 짝에게 수학 용어에 대한 퀴즈 문제를 내면 짝도 나에게 다른 퀴즈 문제를 낸다. 그런 뒤 용어 카드를 교환해 다른 학생들에게 퀴즈 문제를 낸다. 이 게임은 정말 재밌고도 교육적이다. 이상의 일들이 내가 학교에서 하는 일이다.

We do a lot of fun and educational things in school. The three most common things our class do are watching a video about the subject that we're learning about, getting into groups to discuss the topic of our lesson, and doing activity.

First, I'll describe watching a video. When we watch the video, our teacher stops it when she asks questions or when she wants someone to tell the class what we learned so far. The video is related to our lesson, and the video is usually exciting.

Next, I'll describe getting into groups and discussing the topic. Our teacher chooses who and who are together. We sometimes get to pick our partner. We spread out in the room and discuss it with taking turns.

Finally, I'll describe doing activity. It's usually a game that relates to the topic. The most common one is a quiz. It's a quizzing game when we quiz our partners and they quiz us about a math vocabulary word. Then, we trade our vocabulary card and quiz someone else. It's very fun, but it's still educational. These are what I do in school.

클라리사 킴Clarissa E. Kim | 줄리아그린 초등학교 4학년

창의성 개발을 뒷받침하는
사회적 기반과 정책

그렇다면 미국에서는 어떻게 정책적으로 창의성 개발을 지원하고 있을까? 미국 연방 정부는 1980년대 이후 학력 신장을 위해 교육과정을 표준화하는 정책을 추진해 왔다. 또한 오바마 정부는 2009년부터 '공통 핵심 국가 성취 기준'을 도입해 공통 교육과정을 확대해 왔다.

공통 핵심 국가 성취 기준은 영어와 수학 분야에서 각 주(州)의 학력 격차를 줄이고, 대학이 원하는 '준비된 인재'를 기르기 위해 초·중·고 학생들이 일정 수준 이상의 기초학력과 수월성을 기르는 것을 목표로 한다. 이 같은 연방 정부의 공통 교육과정 정책이 주마다 지닌 다양성과 자율성을

침해한다는 비판도 있지만, 각 과정을 들여다보면 비판적 사고력 함양과 창의성 증대라는 교육의 기본적인 틀에는 큰 차이가 없다.

특히 미국 연방 정부는 2006년부터 과학, 기술, 공학, 수학 등 창의성의 근본이 되는 '스템(STEM)' 분야 교육을 강화하고 있다. 미국 교육부는 스템 교육 연합(STEM Education Coalition)을 창설해 유치원생부터 고등학생(K-12)까지 스템 분야에 대한 흥미를 갖도록 정책 지원을 하고 있다. 또한 민관 협력을 통해 창의성 함양을 위한 학교 안팎의 탐구 기반 학습(Inquire-Based Learning)과 체험 학습 프로그램 개발 등에 앞장서고 있다.

한편 미국 전역에는 학교와 지방자치단체, 비영리 조직을 중심으로 사회적·경제적 지위와 관계없이 다양한 체험 활동을 할 수 있는 여건이 조성되어 있다. 예컨대 박물관에서는 벌들이 꿀을 모으고 벌집을 만드는 과정을 생생히 관찰할 수 있고, 미술관에서는 직접 판화를 찍어 가져갈 수 있다. 자연 생태계 공원에서는 진흙으로 만들어진 언덕에서 뛰고 구르며 물이 높은 곳에서 낮은 곳으로 흐르는 원리와 유속을 배울 수 있다. 교과 외 다양한 활동이 당락에 큰 영향을 끼치는 미국의 대학 입시도 창의력 양성의 기반이 된다.

이러한 체험 활동에 있어 학부모의 역할은 더할 나위 없다. 많은 미국 부모들이 자녀들을 어렸을 때부터 오감을 자극하는 다양한 환경에 노출시킨다. 자녀가 새롭고 독창적인 사고를 할 수 있도록 멍석을 깔아주는 것이다. 또한 미국은 일부 대도시를 예외로 하고서 오후 5시에 퇴근길 러시아워가 시작된다. 가족 중심의 미국 사회에서 부모가 자녀들과 함께 방과 후 체험 활동에 동참하는 모습은 너무도 자연스럽다.

미술관에서의 판화 체험

테스티모니얼: 영재교육의 개념, 목적, 그리고 평가 방식에 관한 경험담

한국 입시 학원에서 일했을 때의 나는 어떻게 하면 시험에서 1점이라도 더 올릴 수 있을까 고민하는 강사였다. 현재 나는 미국에서 영재교육에 대해 공부하면서 강의도 하고 있다. 이곳에서 공부하다 보니, 미국의 영재교육은 우리의 그것과는 다른 점이 보였다. 특히, 개념과 목적, 평가 방식이 다르다.

조셉 렌줄리Joseph Renzulli의 세 고리 모형(Three-ring model)은 영재성을 정의하는 데 가장 널리 쓰이는 이론이다. 세 고리 모형에서는 보통 수준 이상의 지적 능력, 창의성, 과제 집착력 등 세 가지 특징이 만날 때 영재성이 발현된다고 주장한다. 여기서 '보통 수준 이상'이라고 말하는 것은, 미국에는 다양한 문화가 공존하므로 각 지역 대상 집단의 특성을 바탕으로 상위 능력의 범위를 정해야 한다는 뜻이다. 즉, 창의력과 과제 집착력은 단시간에 판별해 내기 어렵다. 그렇기 때문에, 교사 추천 또는 각 학군에서 지정한 창의력 테스트 등을 통해 판별한다.

나는 미국과 한국에서 공인된 영재교육 연구소 프로그램을 관리하고 개발했던 적이 있다. 그때 놀랐던 점은, 영재 프로그램 중에는 학부모 추천이나 자기 추천이 가능한 것도 있다는 점이었다. 이는 영재교육이 영재뿐만 아니라 모든 학생들에게 도움을 줄 수 있다고 가정했기 때문이다. 아울러 판별 과정을 단계적이고 지속적으로 진행할 것이기 때문이기도 했다. 커리큘럼 개발에 있어서도 위의 세 가지 영역을 고르게 발달시키기 위해서 토론식 수업, 문제 해결 프로젝트 및 실험 등으로 다양한 영역을 통해 통합적인 발달이 이루어질 수 있도록 설계했다.

교수님과의 회의에서 가장 치열하게 토론했던 것 중 하나는 영재교육의 목적이 무엇인가였다. 결국 모두가 동의한 결론은, 영재교육의 목적은 창의적이고 분석적인 사고방식을 키워 영재성을 최대한 발현할 수 있도록 하는 것이며, 그것은 문화와 각자의 특성에 맞추어서 특정한 속도로 이루어져야 한다는 것이었다. 이 결론을 바탕으로 공학 교육 프로젝트와 창업 아이템 박람회 등을 개발했다. 이 프로그램을 통해 학생들은 주어진 조건하에서 가장 효율적인 방법을 찾아내고 직접 실험해 볼 수 있었다. 또 이런 프로젝트들에는 표준화된 평가 방법이 쓰일 수 없으므로 개인 포트폴리오 평가나 서술형 평가 같은 방법으로 평가된다.

끝으로 미국 영재 프로그램은 영재들의 다양성을 허용한다. 예를 들면 주의력 결핍 장애를 가지고 있는 학생들 중에 뛰어난 영재성을 가진 학생들이 있다는 것을 인정하고 프로그램에 참여할 수 있도록 하는 식이다. 저소득층 자녀 중 주위 환경으로 인해 영재성을 발현할 수 없는 학생들에게도 관심을 갖고 엑셀런스 갭(Excellence Gap)과 같은 다양한 연구가 이루어지고 있으며, 이에 관한 지원도 이루어지고 있다.

현재 미국 52개 주들 중에서 영재교육을 인정하고 프로그램을 제공하고 있는 주는 31개 주이며, 재정까지 지원해 주는 주 정부는 25개다. 안타깝게도 내 경험은 영재교육을 인정한 주에서의 것으로 한정되어 있다. 정부가 영재교육에 대한 예산을 삭감했기 때문에 영재교육 교사들에 대한 전문교육이 많이 줄어들고 있다. 다양성과 창의성을 존중하는 미국 영재교육의 기본이 흔들리지 않기를 바란다.

김정선 | 퍼듀 대학 영재교육학 박사 수료

인성을 기르는 교육

미국은 1994년에 '학교 개선법(Improving America's Schools Act)'을 연방법으로 제정해 인성 교육을 실행하고 있다. 주 정부 차원에서도 인성 교육 관련 법을 제정해 인성 교육을 의무화하고 예산을 집행한다. 또 교육 관련 비영리 기관들은 다양한 형태의 인성 교육 프로그램을 개발해 각 학교에 보급함으로써 인성 교육을 활성화하고 있다. 대표적인 예로 청소년 윤리 교육 비영리 기관인 조지프슨 인스티튜트(Josephson Institute)는 '인성이 중요하다(Character Counts)!' 프로그램을 통해 신뢰, 존중, 책임감, 공정, 배려, 시민 정신의 가치를 함양하는 인성 교육 프로그램을 개발해 전파하고 있다. 이러한 인성 교육의 가치들은 미국 사회에서 리더가 되기 위한 필수 조건이다. 거짓말하는 리더는 미국에서 설 자리를 잃는다.

학교뿐만 아니라 가정에서도 부모들은 자녀들이 어릴 때부터 인성의 가치를 익히도록 교육시킨다. 미국 대학 입시에서는 자원봉사 활동, 클럽 활동, 스포츠 활동, 종교 활동과 같은 사회 활동 경력이 당락에 큰 영향을 미친다. 이러한 사회 활동을 통해 윤리적 가치와 더불어 시민 사회에서 필요한 성품과 역량이 길러진다고 믿기 때문이다.

미국에서 인성 교육을 중시하는 또 다른 이유는 미국 사회의 다양성과 관련이 깊다. 인성 교육을 통해 시민 의식을 배양함으로써 다인종 다문화 국가에서 발생할 수 있는 사회적 갈등을 해소하고자 하는 것이다.

세계 대학을 선도하는 대학 교육

대학 교육의 확대와 세계적인 대학 체제 경쟁으로 세계 대학 순위는 고등 교육기관들의 역량을 평가하는 바로미터가 되고 있다. 미국의 명문 대학들은 세계 대학 평가에서 절대 우위를 차지하며 세계 대학들을 선도해 왔다. 매년 〈파이낸셜 타임즈(FT)〉가 발표하는 세계 100대 경영대학원 중 절반이 미국 대학원이다. 2014년 상하이 자이퉁 대학의 세계 대학 순위 발표에서도 1위는 미국의 하버드 대학이 차지했고, 상위 10개 가운데 8개, 상위 20개 가운데 16개가 미국 대학이었다. 미국에서 세계 수준의 연구 중심 대학들이 발전하게 된 이유는 우수한 인재들을 모이게 만드는 자유로운 학문 풍토, 풍부한 물적·인적 자원과 이를 선순환하게 만드는 대학 경영 및 자치,

하버드 대학(Harvard University)

하버드 대학(Harvard University)

매사추세츠 공과대학(MIT: Massachusetts Institute of Technology)

국가의 정책 등이 뒷받침되기 때문이다.

미국에는 하버드, 예일, 프린스턴, MIT, 스탠퍼드와 같은 연구 중심의 종합대학만 있는 것은 아니다. 미국의 대학 진학생 가운데 약 3분의 1 정도는 커뮤니티 칼리지에 다닌다. 커뮤니티 칼리지는 2년제 대학으로, 전문 직업 교육뿐만 아니라 4년제 대학 편입을 위한 학업 준비 과정을 갖추고 있다. 커뮤니티 칼리지가 지역사회를 기반으로 한 만큼, 지역사회 발전과 대학 교육 기회의 확대를 위해 커뮤니티 칼리지의 학비를 면제하는 주들도 적지 않다.

미국 대학의 또 다른 유형은 리버럴 아츠 칼리지(Liberal Arts College)다. 한국에는 잘 알려지지 않은 리버럴 아츠 칼리지는 4년제 학부 중심 대

캘리포니아 대학 로스앤젤레스 캠퍼스(UCLA: University of California, Los Angeles)

학으로 인문학, 사회 과학, 어학 등 교양 교육에 중점을 둔 학교다. 학생 수가 적고 교수 1인당 학생 비율이 낮은 것이 특징이다. 윌리엄스 칼리지 (Williams College), 스와스모어 칼리지(Swarthmore College) 등 일부 대학들은 하버드 대학을 비롯한 명문 아이비리그 대학들과 견줄 만큼 높은 평가를 받고 있다.

상식 백과: 미국에도 공짜 대학이?[7]

　대학 등록금이 비싼 미국에도 학비가 없는 대학들이 있다. 대표적인 대학으로 딥 스프링스 칼리지(Deep Springs College)가 있다. 딥 스프링스 칼리지는 동부 캘리포니아의 사막에 위치한 2년제 특수 대학으로 1917년에 설립됐다. 이 대학은 전통적으로 남학생만 뽑는다. 최근 여학생을 선발하려는 시도가 있었으나 2013년 법원의 결정으로 무산됐다. 1년에 5만 달러가 넘는 학비와 생활비가 모두 무료다. 학생들은 학업, 노동, 학생자치를 중심으로 교육을 받게 되며, 모든 학생들은 일주일에 20시간씩 일을 해야 한다. 딥 스프링스 칼리지에 부속된 농장에서 학생들은 농장 일과 요리 등을 몸으로 체험하면서 미래 미국 사회의 지도자가 되기 위한 교육을 받는다. 2년 뒤 대부분의 학생들은 하버드, 브라운, 코넬, 스탠퍼드와 같은 명문 사립대학 3학년으로 편입한다.

4장

미국의 역사와 경제 1부 : 독립국가의 탄생

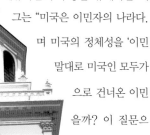

"우리 모두는 한때 이민자였다."
2014년 11월 20일, 오바마 미국 대통령은 불법 체류자들의 추방을 유예하는 이민 개혁 행정 명령을 발표했다. 이날 연설에서 그는 "미국은 이민자의 나라다. 우리 모두는 한때 이민자였다."라고 말하며 미국의 정체성을 '이민자의 나라'로 정의했다. 오바마 대통령의 말대로 미국인 모두가 한때 이민자였다면, 유럽에서 미국으로 건너온 이민자들의 역사는 언제부터 시작되었을까? 이 질문으로 미국의 역사를 되짚어 보자.

1. 영국의 식민지 개척 시대

콜럼버스의 신대륙 발견과 유럽인들의 관심

아메리카 대륙에 처음으로 발을 디딘 유럽인은 이탈리아의 탐험가 크리스토퍼 콜럼버스Christopher Columbus가 아니다. 사료상으로는 바이킹 시대인 1,000년경, 아이슬란드인 탐험가 레이프 에이릭손Leifr Eiríksson이 유럽인으로는 처음으로 아메리카 대륙을 탐험했다고 한다. 그렇다면 미국은 왜 10월의 두 번째 월요일을 콜럼버스 데이(Columbus Day)로 기념하는 것일까? 1492년 10월 12일, 콜럼버스가 아메리카에 상륙한 이후 다른 유럽인들도 아메리카 대륙에 관심을 갖고 앞 다투어 탐험했기 때문이다. 이렇듯 콜럼버스의 아메리카 대륙 발견이 역사적인 의미를 지니기 때문에 아메리카 대륙의 여러 나라들이 지금도 10월 12일을 기념일로 삼는 것이다.

그런데 콜럼버스는 지금의 미국 본토를 발견하지는 못했다. 콜럼버스가 대서양을 항해한 끝에 도착한 곳은 바하마 제도 중 한 섬인 산살바도르(San Salvador)였다. 다만 콜럼버스는 죽을 때까지 그가 상륙했던 곳이 인도라고 믿었기 때문에 아메리카 대륙에 살고 있었던 원주민을 인디언이라고 불렀던 것이다. 콜럼버스의 신대륙 발견 이후 영국과 스페인, 프랑스, 스웨덴, 네덜란드는 경쟁적으로 아메리카 대륙을 탐험하며 이주민들을 보내 식민지를 건설하기 시작했다. 그로 인해 수많은 원주민들이 유럽에서 건너온 정복자들과의 싸움에서 목숨을 잃었다.

북아메리카 최초의 영국 식민지, 제임스타운

콜럼버스의 신대륙 발견 이후, 영국은 스페인, 프랑스에 뒤질세라 신대륙 개척에 뛰어들었다. 이러한 상황에서 영국 국왕으로부터 특허장을 받은 런던의 버지니아 회사는 금과 은을 채굴하기 위해 1606년 12월 20일 세 척의 배(수잔콘스탄트호, 갓스피드호, 디스커버리호)를 북아메리카 대륙으로 보냈다. 이 세 척의 배에 탄 144명의 영국인들은 대서양을 건너는 긴 항해 끝에 1607년 5월 13일 버지니아의 한 작은 섬에 도착했다. 이 섬이 바로 북아메리카 최초의 영국 식민지인 제임스타운(Jamestown)이다. 제임스타운의 이름은 영국 국왕 제임스 1세King James I 의 이름에서 따온 것이었다. 그런데 당시 버지니아 식민회사를 통한 영국의 북아메리카 개척은 그리 호락호락하지 않았다. 제임스타운에 정착한 104명의 남자들은 질병과 굶주림 등 가혹한 환경과 싸워야 했다. 그 결과 정착 8개월 만인 1608년 1월, 첫 번째 보급선이 제임스타운에 왔을 때에는 불과 38명만이 생존해 있었다.

역사학자들에 따르면 제임스타운은 미국 노예제도의 시발점이 된 곳이다. 제임스타운에 첫 번째 영국 식민지가 건설된 후, 정착민들은 대규모로 담배를 경작했다. 농장에서 담배 농사가 잘 되자 영국은 부족한 일손을 채우기 위해 아프리카에서 흑인 노예를 강제로 데려와 노역을 시키기 시작했다. 족쇄를 차고 인권을 박탈당한 채 1619년 제임스타운에 도착한 스무 명의 흑인들이 미국 땅을 밟은 최초의 아프리카인이 되었다.

 인물 탐구: 존 스미스와 포카혼타스

　1607년 5월 13일 영국인 최초로 북아메리카 대륙에 정착한 개척자들 중 한 명이었던 존 스미스John Smith는 제임스타운 식민지 건설의 주역으로 평가받는다. 존 스미스가 쓴 자서전에 의하면 그는 1607년 12월 식량을 구하러 나갔다가 알곤킨족 인디언에게 사로잡혀 죽을 운명에 처했다고 한다. 그런데 사형 직전 원주민 추장 포우하탄의 딸 포카혼타스Pocahontas가 그에게 달려와 껴안으면서 아버지한테 살려 달라고 애원해 목숨을 구할 수 있었다고 한다. 영국 청년과 인디언 처녀의 이 아름다운 사랑 이야기는 디즈니 애니메이션 영화 〈포카혼타스Pocahontas〉(1995)로도 제작되었다. 그러나 그녀가 정말 존 스미스를 사랑했는지는 알 수 없다. 분명한 사실은 포카혼타스가 스미스 대신 제임스타운의 농장주이자 식민지 개척자였던 존 롤프John Rolfe와 결혼했고, 1616년 영국으로 건너갔다는 것이다.

영국 청교도들의 이주

　버지니아에 제임스타운 식민지가 건설된 지 13년이 지난 뒤인 1620년, 102명의 영국 청교도들은 종교적 박해를 피해 영국 플리머스 항을 떠나 뉴잉글랜드로 이주해 왔다. 그러고는 이주해 온 곳의 이름을 영국 플리머스 항과 같은 '플리머스(Plymouth)'라고 명하였다. 신앙의 자유를 찾아 북아메리카로 이주한 이들을 일컬어 '필그림 파더스(Pilgrim Fathers, '순례의 아버지들'이라는 뜻)' 또는 '필그림스(Pilgrims)'라고 부른다.

하버드 대학의 존 하버드 동상

하버드 대학은 영국 청교도 목사 존 하버드John Harvard의 이름을 딴 것이다. 존 하버드 동상의 발등을 만지면 하버드에 입학할 수 있다는 속설 때문인지, 많은 사람들이 발등을 문질러 발 부분이 닳아 있다.

여기서 우리는 미국인의 조상에 대해 궁금증을 갖게 된다. 1607년 버지니아의 제임스타운에 식민지를 개척하러 온 남자들이 미국인의 조상인가? 아니면 1620년 종교적 박해를 피해 뉴잉글랜드의 플리머스(현재 미국 매사추세츠 주 남동부에 있는 도시)로 온 영국 청교도들이 미국인의 조상일까? 물론 독일계 이민자들의 후손은 독일인을, 네덜란드계 이민자들의 후손은 네덜란드인을, 아일랜드계 이민자들의 후손은 아일랜드인을 그들의 조상이라고 답할 수 있을 것이다.

가문의 혈통에 따라 생각하기 나름이겠지만, 분명한 것은 오늘날 많은 미국인들이 종교의 자유를 찾아 뉴잉글랜드 지역의 플리머스로 온 영국 청교도(필그림스) 102명을 그들의 조상으로 여긴다는 것이다. 왜 그럴까? 개

연성이 높은 추론 가운데 하나는 플리머스가 속한 매사추세츠 주가 북부 식민지의 중심이었고, 제임스타운이 속한 버지니아가 남부 식민지의 중심이었던 지리적·역사적 배경과 연관된다. 남부 식민지의 이주민들은 북부에 비해 상대적으로 온화한 기후와 기름진 토양에서 담배 농장을 운영하며 안정적으로 살 수 있었다. 이에 반해 북부 식민지의 청교도들은 영국의 후원 없이 스스로의 힘으로 척박한 토양을 개척하며 생계를 이어 가야 했다.

이런 점을 생각해 볼 때 미국인들은 청교도들의 개척 정신이 미국의 정신에 보다 부합한다고 여겼을 것이다. 게다가 청교도들은 살길을 마련하는 것조차 어렵다는 현실 속에서도 후손들을 위해 1636년 미국 최초의 대학인 하버드 칼리지(Harvard College)를 세웠다. 이러한 연유로 미국인들은 청교도주의를 미국의 정신으로 받아들이며, 청교도를 미국인의 조상으로 여기는 것이다.

영국의 식민지 건설 확장

17세기 유럽에서 미국으로 건너온 사람들은 영국 성공회를 거부하고 네덜란드로 도망쳤던 청교도들뿐만이 아니었다. 독일, 스웨덴, 프랑스, 스코틀랜드 등에서도 많은 사람들이 정치적 박해나 신분, 계급, 징역형에서 벗어나기 위해, 혹은 일확천금을 노리며 기회의 땅 미국으로 이주해 왔다. 이들 중 종교의 자유를 찾아온 사람들은 주로 매사추세츠, 로드아일랜드 등 북부에, 부를 찾아온 사람들은 버지니아, 메릴랜드 등 남부에 정착했다.

영국이 건설한 13개 식민지

뉴잉글랜드 식민지 (New England Colonies)	중부 식민지 (Middle Colonies)	남부 식민지 (Southern Colonies)
로드아일랜드	델라웨어	메릴랜드
코네티컷	펜실베이니아	버지니아
매사추세츠	뉴욕	노스캐롤라이나
뉴햄프셔	뉴저지	사우스캐롤라이나
		조지아

　의심할 여지없이 유럽에서 건너온 초기 이민자들이 북아메리카에 정착할 수 있었던 것은 그들의 강인한 개척 정신이 뒷받침되었기 때문이다. 하지만 원주민들이 담배와 옥수수 농사를 짓는 법을 알려 주며 도움을 주지 않았다면, 이민자들은 춥고 척박한 땅에서 생존하기 어려웠을 것이다. 당시 북부 지역으로 온 영국 청교도들은 원주민들과 협력 관계를 형성하고 있었다. 오늘날 미국의 추수감사절은 초기 청교도들이 첫 수확을 하나님께 감사하며 원주민들과 함께 음식을 나눠 먹었던 잔치에서 유래한 것이다.

　식민지 개척 과정에서 여전히 배고팠던 영국은 18세기 초까지 북아메리카의 대서양 연안을 따라 13개의 식민지를 건설했다. 식민지 인구는 1750년 무렵 200만 명으로 급격히 증가했는데, 이는 대부분 유럽에서 건너온 이민자들로 인한 것이었다. 영국은 13개의 식민지를 건설한 후에도 북아메리카 대륙의 패권을 잡기 위해 인디언과 손잡은 프랑스와 식민지 쟁탈 전투를 벌였다. 1754년에 시작된 이 전투를 '프렌치-인디언 전쟁(The French and Indian War)'이라 부른다.

🌲 추천 명소: 영국이 건설한 마지막 식민지 서배너

　미국 남동부 대서양 연안에 위치한 항구도시 서배너(Savannah)는 영국이 1732년 13번째 식민지로 조지아를 개척하면서 건설한 도시다. 조지아 식민지를 건설한 사람은 영국군 장교였던 제임스 오글소프James E. Oglethorpe이다. 오글소프는 개신교도들과 경제사범들을 북아메리카의 조지아로 피난시키고자 했다. 그래서 오글소프는 1732년 영국 국왕 조지 2세King George Ⅱ로부터 신대륙(조지아)을 개척할 수 있는 특허장을 받고 1733년 2월 이주민들과 함께 조지아에 와서 서배너라는 도시를 건설했다. 미국 최초의 계획도시인 서배너는 광장을 중심으로 도시가 설계되었다. 도심 곳곳에 유서 깊은 유럽식 건물들과 아열대 나무들이 특이한 분위기를 연출하는 고풍스러운 도시다. 또한 서배너는 조지아 주에서 가장 오래된 도시로, 현재 주 정부가 서배너 항을 허브 항만으로 육성하기 위해 대규모 투자를 하고 있다.

나뭇가지마다 치렁치렁 걸려 있는 스패니시 모스
나무에 착생하여 자라는 이끼 스패니시 모스(Spanish moss)가 서배너의 분위기를 이국적으로 연출한다.

치페와 광장

영화 〈포레스트 검프*Forrest Gump*〉(1994)에서 주인공 톰 행크스(포레스트 검프 역)가 벤치에 앉아 버스를 기다리며 얘기하던 장면이 바로 이곳 치페와 광장(Chippewa Square)에서 촬영되었다. 치페와 광장 중앙에는 '제임스 오글소프' 동상이 세워져 있다.

2. 미국의 독립 전쟁

독립 전쟁의 발단, 보스턴 차 사건

1763년 프렌치-인디언 전쟁에서 승리한 영국은 프랑스가 지배하던 북아메리카의 영토와 인도, 캐나다를 차지했다. 식민지 경영의 패권을 장악하며 대영제국의 위세를 떨치게 된 것이다. 그러나 이는 경제적인 측면에서 보면 이겨도 이긴 게 아닌 전쟁이었다. 프렌치-인디언 전쟁과 7년 전쟁(1756~1763년) 후 영국은 1억 3000만 파운드의 부채로 인해 경제적으로 큰 어려움에 직면했다. 뿐만 아니라 갑자기 늘어난 영토 관리 비용도 영국으로서는 감당하기 힘든 수준이었다.

결국 영국은 재정난을 타개하기 위해 설탕법(The Sugar Act of 1764), 화폐법(The Currency Act of 1764), 군대 숙영법(The Quartering of 1765), 인지세법(The Stamp Act of 1765), 타운센드 법(The Townshend Act of 1767)을 제정해 미국 식민지에 세금을 부과하기 시작했다. 이렇게 영국이 세금을 통해 식민지 통제를 강화하자 미국 식민지인들은 즉각 반발했다. 자신들의 대표로 구성된 의회만이 세금을 부과할 수 있다며 식민지들의 동의 없이 과세법을 제정한 영국에 강하게 저항했다. 그리고는 영국 의회에 미국 식민지를 대표할 사람을 보내지 않았기에 세금을 낼 이유가 없다며, "대표없이는 과세 없다(No Taxation without Representation)!"라는 훗날 독립 전쟁의 이념이 된 구호를 외쳤다.

이와 같은 식민지의 반발이 있은 지 몇년도 채 지나지 않아, 영국은 또다시 불난 집에 부채질하는 격이 되는 조치를 취했다. 바로 미국 식민지 상인들의 차(茶) 밀무역을 금지시키고, 동인도회사에 차를 독점적으로 무역할 수 있는 권한을 준 것이었다. 이에 화가 난 식민지 보스턴 주민들은 1773년 12월 16일 밤, 미국 독립 전쟁 지도자인 새뮤얼 애덤스와 존 핸콕의 주도하에 인디언으로 위장해 보스턴 항에 정박한 세 척의 동인도회사 선박을 습격했다. 그러고는 배에 실려 있던 수백 개의 홍차 상자를 바다에 던져 버렸다. 이 사건이 바로 미국 독립 전쟁의 직접적인 발단이 된 '보스턴 차 사건(Boston Tea Party)'이다.

 추천 명소: 보스턴 차 사건을 꾀한 올드 사우스 집회소[8)]

보스턴 중심부에서 외곽에 이르는 2.5마일(약 4킬로미터)에 걸친 붉은 벽돌 길을 따라 걷다 보면 미국 독립 전쟁과 관련한 16개의 유적지를 만나게 된다. 이 길을 '프리덤 트레일(The Freedom Trail)'이라고 한다. 프리덤 트레일에서 만나는 유적지 중 하나가 '올드 사우스 집회소(Old South Meeting House)'다. 올드 사우스 집회소는 1729년 본래 청교도 교회로 설립된 곳으로, 1770년 '보스턴 학살(Boston Massacre)' 이후 1775년까지 매년 이곳에서 기념 집회가 열렸다.

올드 사우스 집회소가 미국 독립 전쟁의 역사적인 장소가 된 계기는 '보스턴 차 사건'이다. 1773년 5,000여 명의 보스턴 식민지인들은 이곳에 모여 영국이 부과한 세금에 대해 논의하며 보스턴 차 사건을 비밀리에 계획했다. 지금의 올드 사우스 집회소는 1872년 보스턴 대화재 당시 불타 없어진 건물을 복원한 것이다.

올드 사우스 집회소

상식 백과: 보스턴 학살 사건

 1770년 3월 5일, 영국 식민지였던 매사추세츠 주 보스턴의 시민들과 영국 주둔군 사이에 충돌이 벌어졌다. 군중 수가 늘어나고 충돌이 커지자 영국군은 명령 없이 보스턴 시민들을 향해 총을 쏘아 댔다. 당시 영국군의 발포로 보스턴 시민 5명이 죽고 6명이 부상당했다. 오늘날 미국 역사는 이 사건을 '보스턴 학살(Boston Massacre)'이라고 기록하며 미국 독립 혁명의 토대로 평가한다.

올드 스테이트 하우스(Old State House)
올드 스테이트 하우스(구 주 의사당) 바로 앞 거리에서 보스턴 학살 사건이 발생했다.

올드 스테이트 하우스 앞 거리의 보스턴 학살터(Site of The Boston Massacre)

 인물 탐구: 미국 독립선언서에 최초로 서명한 존 핸콕

존 핸콕John Hancock은 하버드 대학을 졸업한 후 숙부가 운영하는 보스턴의 상점에서 일을 배우고 사업을 시작했다. 그러나 그는 영국이 미국 식민지에 부과한 인지세법과 타운센드 법 등으로 사업이 어려워지자 홍차 등을 밀수해 팔기 시작했다. 한마디로 밀수업자가 됐던 것이다.

당시 영국 의회는 핸콕을 비롯한 밀수업자들로 인해 동인도회사가 파산 위기에 몰리자, 1773년 차조례(The Tea Act of 1773)를 통과시켜 동인도회사가 독점적으로 식민지에 차를 팔 수 있도록 하였다. 이에 핸콕은 영국의 식민지 정책에 강하게 반발하며 새뮤얼 애덤스와 함께 '보스턴 차 사건'을 주도하였다. 이후 핸콕은 제2차 대륙회의 의장과 초대 매사추세츠 주지사로 선출되었으며, 미국 독립선언서에 제일 먼저 서명하였다.

한 가지 흥미로운 사실은 핸콕의 독립선언서 서명이 다른 사람들 것보다 훨씬 큼지막했는데, 이 때문에 '자필 서명'을 뜻하는 명사로 'John Hancock'이 비격식적으로 쓰이게 됐다는 것이다. 실제로 오늘날 많은 미국인들이 "여기에 서명을 해 주세요"라는 말을 "Please put your John Hancock here"라고 표현한다.

미국 독립 전쟁의 시작, 렉싱턴 콩코드 전투

예나 지금이나 보복은 전쟁을 촉발하는 중요한 시발점이 된다. 보스턴 차 사건 이후 영국 의회는 보복의 수단으로 손상된 차에 대한 비용을 배상하지 않으면 해군을 동원해 보스턴 항구를 폐쇄하겠다는 법(Boston Port Bill)을 통과시켰다. 이에 1774년 9월 미국 13개 식민지 가운데 조지아 주를 제외한 12개 주 대표 55명은 필라델피아에 모여 영국에 대한 불만을 토로하고 식민지의 권리와 자유를 수호할 것을 결의했다. 이 회의가 바로 '제1차 대륙회의(The First Continental Congress)'였다.

제1차 대륙회의 후 영국은 군대를 증원해 매사추세츠 주 보스턴으로 보냈고, 이에 맞서 매사추세츠 주 식민지인들은 민병대를 조직했다. 그리고 1775년 4월 19일 매사추세츠 주 렉싱턴(Lexington)에서는 미국 독립 전쟁의 시작이라 할 수 있는 전투가 발발했다. 이때 영국군은 700여 명이었지만, 미국 민병대는 고작 77명이었다. 애초에 민병대는 침묵시위만 하려고 모였기 때문에 영국군이 해산하라고 했을 때 큰 저항 없이 해산하고 있었다. 그런데 해산 도중 어디선가 한 발의 총성이 울렸다. 만약 역사를 돌이켜 그때 누군가 실수로라도 총을 쏘지 않았다면 독립 전쟁은 좀 더 나중에 발생했을지도 모른다.

여하튼 총성이 울리자 영국군과 민병대는 즉각 총격전에 돌입했고, 첫 교전에서 여덟 명이 사망한 민병대는 즉각 철수했다. 그러나 몇 시간 후 콩코드(Concord)에서 영국군과 마주친 또 다른 400여 명의 민병대는 영국군과 총격전을 벌여 영국군에 큰 피해를 입혔다. 이후에도 민병대는 보스

카펜터스 홀
제1차 대륙회의가 열렸던 필라델피아의 카펜터스 홀(Carpenters' Hall)

턴으로 퇴각하던 영국군을 격파하였고, 그로 인해 73명의 영국군이 사망하고 174명이 부상당했다.

　사태가 상상도 못했던 쪽으로 진행되자 미국 식민지 대표들은 이 사태를 수습하기 위해 1775년 5월 10일 독립기념관(당시 펜실베이니아 주 정부 청사) 회의실로 모여들었다. '제2차 대륙회의(The Second Continental Congress)'가 시작된 것이었다. 대륙회의에서 온건파들은 영국과의 타협을 주장했고, 존 애덤스 등 과격파들은 영국과의 전쟁을 주장하였다. 격론 끝에 식민지 대표들은 민병대를 모아 독립군(대륙군)을 만들기로 했다. 총사령관으로는 조지 워싱턴이 임명되었다.

추천 명소: 미국 독립 혁명 역사의 산실 독립기념관[9]

　미국 펜실베이니아 주 필라델피아에 위치한 독립기념관(Independence Hall)은 1732년에서 1756년 사이에 건축된 옛 펜실베이니아 주 정부 청사다. 독립기념관은 1775년 5월 제2차 대륙회의가 열렸던 장소일 뿐만 아니라, 1776년 7월 독립선언서를 채택했던 곳이다. 또한 1787년 9월에는 독립기념관 회의실에서 미국 헌법이 제정되고 서명되었다. 유네스코는 미국 독립 혁명 역사의 산실인 독립기념관을 1979년 세계 문화유산으로 지정하였다.

독립기념관

3. 새로운 국가, 미국의 탄생

독립선언서 채택과 미합중국 탄생

역사적으로 미합중국 탄생에 있어서 핵심적인 두 가지 사건을 꼽자면 독립선언서(The Declaration of Independence) 채택과 미국 헌법(The Constitution of the United States of America) 서명이라 할 것이다. 독립선언서가 새로운 국가의 탄생을 선포한 것이라면, 미국 헌법 서명은 새로운 국가의 구성 원칙을 만든 것이었다. 오늘날 미국은 1776년 7월 4일 독립선언서가 채택된 날을 '독립 기념일(Independence Day)'로 지정해 성대하게 기념한다. 독립선언서는 영국의 왕정에서 벗어나 자유로운 권리를 가진 시민들이 대표가 되는 국가가 세워졌음을 공식적으로 선포한 문서다.

여기서 우리는 독립선언서가 채택되기까지의 과정을 구체적으로 살펴볼 필요가 있다. 1775년 5월 10일 열린 제2차 대륙회의에서 식민지 대표들은 독립군을 창설하기로 합의했지만, 독립을 정식으로 논의하지는 않았다. 그때까지만 해도 모국인 영국과의 전쟁을 반대하는 식민지인들이 많았고, 식민지 대표들 또한 독립을 선포할 경우 초래될 상황을 우려했기 때문이다. 하지만 당시 급진주의 사상가였던 토머스 페인Thomas Paine이 쓴 《상식Common Sense》은 독립을 향한 대중들의 열망에 불을 지폈다. 독립의

독립기념관 회의실
필라델피아 독립기념관 회의실(Assembly Room)에서 미국의 독립선언서가 채택되었다.

필요성을 주장한 《상식》은 1776년 1월 출간된 지 3개월 만에 10만 부가 넘게 팔렸을 정도로 식민지인들의 뜨거운 관심을 불러일으켰다.

결국 1776년 초에 대륙회의에 참석한 식민지 대표들은 미국 13개 주 식민지들이 영국으로부터 독립하기로 결론을 내렸다. 그러고는 독립의 필요성을 밝히는 선언서를 작성할 5명의 '독립선언서 작성위원회'를 구성했다. 벤저민 프랭클린Benjamin Franklin, 존 애덤스John Adams, 토머스 제퍼슨 Thomas Jefferson, 로버트 리빙스턴Robert Livingston, 로저 셔먼Roger Sherman 이 작성 위원회 위원으로 선출되었다. 당시 33세의 토머스 제퍼슨은 독립선언서의 초안을 작성하였고, 펜실베이니아 주 대표로 참석한 벤저민 프랭클린은 존 애덤스와 함께 토머스 제퍼슨이 초안한 독립선언서를 다듬는 역할을 했다.

그래너리 묘지

매사추세츠 주 보스턴에 있는 그래너리 묘지(Granary Burying Ground)에는 미국 독립선언서에 서명한 존 핸콕, 새뮤얼 애덤스, 그리고 벤저민 프랭클린의 부모님이 묻혀 있다.

독립선언서에는 다음과 같은 내용이 담겨 있다.

우리는 모든 인간이 평등하게 창조되었고, 창조주로부터 양도할 수 없는 권리들을 부여받았다고 본다. 이 권리들 중에는 생명, 자유 그리고 행복 추구가 있다는 것을 자명한 진리로 믿는다.

> We hold these truths to be self-evident, that all men are created equal, that they are endowed by their Creator with certain unalienable Rights, that among these are Life, Liberty and the pursuit of Happiness.

이는 영국의 계몽주의 사상가 존 로크John Locke의 평등, 자유, 천부 인권 사상을 반영한 것이었다. 토머스 제퍼슨이 초안한 이 독립선언서는 의회에 제출되었다. 의회는 1776년 7월 2일, 영국으로부터의 독립을 의결했다. 그리고 이틀 뒤인 7월 4일에는 독립선언서를 채택하고 선포하였다.

인물 탐구: 독립선언서 기초자 토머스 제퍼슨[10]

미국 제3대 대통령인 토머스 제퍼슨은 미국 건국의 아버지 중 한 명이다. 뛰어난 재능과 학식을 지닌 제퍼슨은 1776년 미국 독립선언서를 기초했으며, 1779년부터 1781년까지 버지니아 주 주지사를 역임했다.

대표적인 반(反)연방주의자였던 그는 미국 초대 국무장관을 지냈으며, 대통령 재임 시였던 1803년에는 나폴레옹 1세로부터 프랑스령 루이지애나를 매입해 미국 영토를 두 배나 늘렸다. 오늘날 미국에서 가장 존경받는 대통령 중 한 사람인 제퍼슨은 대통령 퇴임 후 고향인 버지니아의 자택 몬티첼로(Monticello)로 돌아와 버지니아 대학(University of Virginia)을 설립하는 등 교육과 연구에 몰두했다.

제퍼슨은 미국의 독립 선언으로부터 50주년이 되던 1826년 7월 4일 세상을 떠났다. 생전에 제퍼슨은 독립선언서를 함께 작성했던 연방주의자 존 애덤스와 정치 이념 때문에 오랫동안 대립했다. 그러나 우연찮게도 제퍼슨이 세상을 떠나는 날 존 애덤스도 함께 세상을 떠났다.

워싱턴 D.C.에 위치한 토머스 제퍼슨 기념관

계속된 독립 전쟁과 영국의 독립 승인

독립선언서 채택이 독립을 의미하는 건 아니었다. 미국은 1776년 7월 4일 독립을 선언한 후에도 영국과의 전쟁을 멈출 수 없었다. 객관적인 전력 면에서 영국군에 열세였던 독립군은 연이은 패배로 전의를 잃어갔다. 부상자뿐만 아니라 전사자의 수도 늘어갔다.

이처럼 영국으로부터의 미국 독립이 멀어진 것만 같던 이때에 반전이 일어났다. 1776년 12월 트렌턴 전투에서 조지 워싱턴이 이끄는 독립군이 승리를 거둔 것이다. 이어 1777년 9월 새러토가 전투에서도 독립군이 대승을 거두면서 전세가 미국으로 기울기 시작했다.

미국 독립 전쟁의 형세를 결정적으로 바꾼 것은 프랑스의 참전이었다. 프랑스와 연합한 미국 독립군은 1781년 10월 19일 버지니아 주 '요크타운 전투(Battle of Yorktown)'에서 영국군을 크게 무찔렀다. 이 요크타운 전투에서의 승리로 1775년 시작된 미국의 독립 전쟁은 사실상 막을 내리게 되었다.

2년 뒤인 1783년 9월 3일 영국은 미국과 '파리 조약(Treaty of Paris, 1783)'을 체결하고 미국의 독립을 승인했다. 독립선언서가 채택되고 선포된 지 7년 만에 비로소 미국은 독립을 인정받게 되었다. 이로써 13개 미국 식민지는 13개의 독립된 국가가 되었다.

상식 백과: 미국의 국기, 성조기

　미국의 국기인 성조기는 독립 전쟁 중이던 1777년 6월 14일 제2차 대륙회의에서 국기로 채택되었다. 성조기의 13개 줄은 영국으로부터 독립 당시 식민지였던 13개 주를 표상한다. 성조기의 50개 별은 현재 미국의 50개 주(州)를 나타낸다. 성조기는 지금까지 27번의 개정을 거쳤으며, 현재의 깃발(별 50개)은 1959년 8월 21일 하와이가 50번째 주가 된 뒤 가장 오랫동안 사용되고 있다. 1969년 달에 꽂힌 깃발도 현재의 50개별 깃발이었다. 앞으로 미국에서 주(州)가 늘어나면 성조기의 별 개수 또한 늘어날 것으로 예상된다.

인디애나 세계대전 기념관(Indiana World War Memorial)의 성조기

미국 헌법 서명과 국가의 구성

1787년 5월 25일 필라델피아 독립기념관 회의실에서는 미합중국 탄생에 있어 또 다른 중요한 모임이 열렸다. 바로 '제헌 회의(Constitutional Convention)'였다. 이날 제헌 회의에는 13개 독립된 국가 가운데 로드아일랜드를 제외한 12개국 대표 55명이 참석했다. 당초 제헌 회의가 소집된 목적은 미국 최초의 헌법이라 말할 수 있는 '연합규약(Articles of Confederation)'을 수정하는 것이었다.

연합규약은 독립 전쟁이 끝나기 전인 1777년 대륙회의에서 채택된 것으로, 연방에 가담한 각 국가의 권리와 13개 국가가 모여 만든 연방의회의 권한을 규정한 것이다. 그러나 연합규약에 의해 성립된 연방의회는 조지 워싱턴이 '모래로 만든 밧줄(Rope of Sand)'에 비유했듯이 세금을 징수하지도 못할 정도로 권한이 미약했다. 그리하여 제헌 회의가 진행되면서 각 연방국 대표들은 연합규약을 수정하고자 했던 본래 목적을 바꿔 완전히 새로운 국가, 즉 강력한 연방 정부를 세우기로 했다. 연방 정부 체제하에서 13개의 각 독립국들은 연방의 13개 주(州)가 되기로 한 것이다.

마침내 1787년 9월 17일, 제헌 회의에 참여한 주 대표들 가운데 39명이 새로운 연방 정부 시스템(입법부, 사법부, 행정부)을 규정한 미국 헌법에 서명했다. 이날 주 대표들이 미국 헌법에 서명함으로써 삼권분립이란 국가 구성의 대원칙이 확립되었다. 이후 미국 헌법은 1788년 비준에 필요한 최소 9개 주로부터 승인을 받아 효력을 얻게 되었다. 그리고 1789년 2월 4일 미국 헌법에 따라 실시된 선거에서 선거인단은 독립군 총사령관이었던 조지 워싱턴을 미국의 초대 대통령으로 선출했다. 세계 최초로 대통령제가 실시된 것이다. 조지 워싱턴은 1789년 4월 30일 미합중국 초대 대통령으로 취임했다.

그런데 이와 같은 미합중국의 탄생 과정이 순탄했던 것만은 아니었다. 연방주의자들과 반(反)연방주의자들 간의 날선 공방이 있었고, 대통령제에 대한 찬반론도 있었다. 무역업과 제조업의 이익을 대변했던 연방주의자들은 주로 북부에서 지지를 받았고, 농업 이익을 대변했던 반연방주의자들은 남부에서 지지를 받았다. 특히 오늘날 미국의 양대 정당인 공화당과 민주당을 거슬러 올라가면, 건국 초기 연방 정부의 권한을 놓고 뜨겁게 논쟁을 펼쳤던 토머스 제퍼슨과 알렉산더 해밀턴Alexander Hamilton을 만나게 된다. 미국 초대 재무장관인 연방주의자 해밀턴은 강력한 연방 정부를 제시했고, 초대 국무장관인 반연방주의자 제퍼슨은 각 주의 독립적인 권한과 자유를 최대한 보장해야 한다고 반박했다. 이후 해밀턴과의 정책 마찰로 1793년 사임한 제퍼슨은 해밀턴이 주도하는 연방파에 반대하는 민주공화당을 창당하였다. 이 민주공화당이 오늘날 민주당의 기원이다.

 인물 탐구: 미국 100달러 지폐 속의 모델 벤저민 프랭클린

현재 미국에서 통용되는 미국 지폐에는 모두 인물 초상이 새겨져 있다. 이 가운데 100달러 지폐 앞면에 그려진 인물이 오늘날 미국인의 표상으로 존경받는 벤저민 프랭클린이다. 미국 역사상 가장 뛰어난 지식과 역량을 지닌 인물로 평가받는 프랭클린은 정치, 외교, 과학, 교육, 문학 등 다양한 분야에서 깊고 큰 업적을 남겼다.

1706년 1월 17일 매사추세츠 주 보스턴의 가난한 청교도 집안에서 17명의 자식 중 15번째로 태어난 프랭클린은 정규교육을 제대로 받지 못한 채 12살 때 형이 운영하는 인쇄소에서 견습공으로 일했다. 그러나 형과 다툼이 잦았던 프랭클린은 17세였던

1723년 가출해 뉴욕을 거쳐 펜실베이니아 주 필라델피아로 갔다. 이후 필라델피아에서 인쇄업과 출판업으로 큰 성공을 거둔 프랭클린은 1731년 필라델피아 도서관을 설립했고, 1741년에는 미국 최초의 잡지를 발행했다. 과학에 대한 재능이 뛰어났던 프랭클린은 1742년 개방형 난로(Open Stove)를 발명했고, 1752년에는 인류 역사상 가장 위대한 발명품 중 하나인 피뢰침을 발명했다. 1749년에는 펜실베이니아 대학을 설립하기 위한 이사회를 조직했으며, 1751년에는 미국 최초의 병원인 펜실베이니아 병원을 세우는 데 참여했다.

무엇보다 미국 건국의 아버지로 일컬어지는 프랭클린은 1776년에 미국의 독립선언서 작성 위원회 위원으로 선출되어 독립선언서를 작성하고 서명했다. 또 1783년에는 미국의 독립을 승인한 파리 조약에 미국 대표로 참석해 서명했으며, 1787년에는 펜실베이니아 주 대표로 제헌 회의에 참석해 미국 헌법에 서명하였다. 이처럼 미국 역사에 타의 추종을 불허하는 발자취를 남긴 프랭클린은 1790년 4월 17일 84세의 일기로 생을 마감했다.

벤저민 프랭클린 묘비
벤저민 프랭클린은 필라델피아에 있는 크라이스트 처치 묘지(Christ Church Burial Ground)에 묻혀 있다. 그의 위대한 업적에 비해 소박한 묘는 보는 이의 마음을 숙연케 만든다.

프랭클린 코트

필라델피아에 있는 프랭클린 코트(Franklin Court)는 벤저민 프랭클린이 1763년 집을 지은 곳이다. 프랭클린
은 이곳에서 1785년부터 1790년 사망할 때까지 살았다.

4. 서부 개척 시대

서부로의 영토 확장

영국과의 독립 전쟁에서 승리한 미국은 이후 서부 지역으로 영토를 확장해갔다. 특히 1803년부터 1867년 사이에는 세 번에 걸쳐 영토를 크게 확장했다.

첫 번째 확장은 루이지애나 매입(Louisiana Purchase)이었다. 미국의 세 번째 대통령이 된 토머스 제퍼슨은 1803년 미시시피 강(Mississippi River) 서쪽의 프랑스령 루이지애나 영토를 나폴레옹 1세로부터 1500만 달러에 사들였다. 당시 루이지애나는 멕시코 만의 뉴올리언스에서 미시시피 강을 따라 북쪽 캐나다 국경에 이르는 거대한 영토였다. 오늘날 루이지애나 매입은 미국 역사상 가장 현명한 부동산 거래로 평가받는다. 미국은 당시 루이지애나 매입으로 영토가 약 두 배로 커졌다. 영토가 커지자 미국 정부는 동부에 거주하던 백인들뿐만 아니라 독일과 아일랜드 등 유럽에서 온 이민자들에게도 서부의 토지를 무상 또는 헐값에 구입할 수 있는 기회를 주었다. 이러한 정부의 서부 이주 장려 정책은 새로운 경작지가 필요했던 이들의 요구와 맞아떨어졌다. 그리하여 수많은 사람들이 '아메리칸 드림'을 꿈꾸며 미시시피 강을 건너 서부로 움직이기 시작했다.

미국의 두 번째 큰 영토 확장은 멕시코와의 '과달루페 이달고 조약(Treaty of Guadalupe Hidalgo)' 체결이었다. 미국 정부는 서부 지역의 영토를 확장하면서 1846년부터 1848년까지 멕시코와 전쟁을 치렀다. 멕시코로 이주한 미국인들이 세운 텍사스 공화국을 미국이 연방주로 합병(1845년)을 한 것이 전쟁의 발단이었다. 멕시코와의 전쟁에서 승리한 미국은 1848년 2월 2일 멕시코와 과달루페 이달고 조약을 체결하고, 지금의 뉴멕시코 주, 캘리포니아 주, 애리조나 주, 네바다 주, 유타 주, 서부 콜로라도 주를 멕시코로부터 1500만 달러라는 헐값에 사들였다. 오늘날 미국의 남서부 국경선은 이때 결정된 것이다.

마지막으로 미국의 세 번째 큰 영토 확장은 알래스카(Alaska) 매입이었다. 1867년 미국은 러시아 제국의 알렉산드르 2세Aleksandr II로부터 알래스카 땅을 720만 달러에 매입했다. 당시 미국인들은 쓸모없는 얼음 땅을 샀다며 매입에 앞장섰던 윌리엄 스워드William H. Seward 국무장관을 거세게 비난했다. 하지만 공과는 훗날 역사가 평가하는 법. 1897년 알래스카에서 대규모 금광이 발견되고 1971년 유전까지 발견되면서 윌리엄 스워드는 오늘날 미국의 영웅으로 재평가를 받고 있다.

 상식 백과: 제임스 먼로의 먼로주의

버지니아 주 출신의 제임스 먼로James Monroe는 1803년 루이지애나 매입 특사로 프랑스로 파견돼 성공적으로 루이지애나를 매입했다. 이후 1817년 미국 제5대 대통령으로 취임한 먼로는 1823년 12월 의회에 제출한 연두교서에서 미국 외교 정책의 원칙으로 '먼로주의(Monroe Doctrine)'를 선언했다.

먼로주의는 유럽과 미국 모두 서로의 문제에 개입하지 말자는 불개입주의 외교 선언으로, 이 고립주의 선언의 핵심은 유럽 강대국들의 남미 식민지화를 반대한 것이었다. 그러나 먼로주의는 이후 오랫동안 미국이 유럽을 대신해 배타적으로 남미 국가들에 영향력을 행사하고 간섭할 수 있는 근거로 변질되어 사용되어 왔었다. 그러다 지난 2013년 11월 미국은 중남미 국가들과의 관계 개선을 위해 200년 가까이 미국 외교정책의 근간이 됐던 먼로주의의 종식을 선언했다. 존 케리 국무장관은 미주기구(OAS: Organization of American States) 연설에서 "먼로주의 시대는 끝났다(The era of Monroe Doctrine is over)"라고 밝혔다.

 상식 백과: 골드러시

골드러시(Gold Rush)는 19세기에 일확천금을 노린 사람들이 금광이 발견된 지역으로 몰려들었던 현상을 뜻한다. 1848년 캘리포니아 주 새크라멘토(Sacramento) 부근 콜로마(Coloma)에서 금이 발견된 후, 미국뿐 아니라 캐나다, 유럽, 중국, 중남미 등 세계 각지에서 30만 명이 넘는 사람들이 금을 캐러 캘리포니아로 몰려들었다.

우리에게는 '넓고 넓은 바닷가에 오막살이 집 한 채, 고기 잡는 아버지와 철모르는 딸이 있네…'로 번역되어 알려진 미국 민요 〈내 사랑 클레멘타인*Oh, My Darling Clementine*〉은 1849년 골드러시 때 금맥을 캐러 캘리포니아로 몰려왔던 '포티나이너(Forty-niner, 일확천금을 찾는 사람)'들의 애환과 슬픔을 배경으로 한 노래이다. 캘리포니아는 골드러시로 인구가 한순간에 증가해 1850년 9월 미연방의 한 주로 승인되었다.

 상식 백과: 텍사스 혁명과 알라모 전투[11]

서부 개척 시대에 이주민들 중에는 당시 멕시코 영토였던 텍사스로 옮겨 간 미국인들이 많았다. 멕시코 정부는 토지 개간을 위해 미국 이주민들을 받아들였다. 그러나 텍사스에 정착한 미국인들의 수가 많아지자, 미국 이주민들은 텍사스 공화국을 선포하고 멕시코로부터 독립하고자 했다. 이를 텍사스 혁명(The Texas Revolution, 1835년 10월 2일 ~1836년 4월 21일)이라 부른다. 오늘날 텍사스 혁명의 상징으로 주목받는 전투가 바로 '알라모 전투(Battle of The Alamo)'다.

1836년 2월 23일 멕시코는 수천 명의 군사를 텍사스 샌안토니오의 '알라모 선교원

(The Alamo Mission)'으로 급파했다. 그곳에서 187명의 텍사스 의용군은 13일 동안 항전 했지만 멕시코군에 의해 1836년 3월 6일 전멸되고 말았다. 텍사스 혁명의 지도자였던 샘 휴스턴Sam Houston 장군은 수백 명의 텍사스 의용군을 이끌고 1836년 4월 21일 샌 재신토 전투(Battle of San Jacinto)에서 멕시코군을 격파했다. 샌 재신토 전투에서 승리한 이후로 텍사스는 1836년 멕시코로부터 공식적으로 독립하고 텍사스 공화국(Republic of Texas)을 세웠다. 그 후 텍사스 공화국은 1845년 미국 연방에 가입했다. 결국 알라모 전투가 멕시코 전쟁의 발단이 된 것이었다. 알라모 요새는 2015년 유네스코 세계 문화 유산으로 지정되었다.

알라모 전투가 일어났던 알라모 선교원

서부 개척의 명과 암

　서부 개척으로 미국의 영토는 크게 확장됐지만, 그 과정에서 서부 이주 민들과 아메리카 원주민인 인디언들 간의 충돌 또한 잦아졌다. 서부영화 속, 카우보이 모자를 쓴 백인들이 황량한 벌판에서 말을 타고 달리며 싸우는 모습을 아름답게만 볼 수 없는 이유가 여기에 있다. 1820년대부터 본 격적으로 시작된 서부 개척 과정에서 수많은 인디언들이 강제로 삶의 터 전을 뺏기고 무참히 살육당했다. 미국인들은 19세기 서부 이주자들을 개 척자로 여기겠지만, 원주민인 인디언들에게 그들은 무법자일 뿐이었다.

　특히 1830년 미국 의회는 당시 대통령이었던 앤드류 잭슨Andrew Jackson 이 강력하게 입법한 '인디언 이주법(The Indian Removal Act of 1830)'을 통과시켜 인디언들을 '인디언 보호구역'으로 몰아넣었다. 인디언 이주법 에 의해 1838년 조지아 주에 살던 약 1만 6,000여 명의 체로키족(The Cherokee) 인디언들은 고향을 떠나 미시시피 강 서쪽 오클라호마의 인디 언 보호구역으로 강제 이주해야만 했다. 심지어는 1,600킬로미터가 넘는 먼 거리를 이주하는 동안 4,000명이 넘는 체로키족 인디언들이 추위와 질 병, 굶주림 등으로 죽었다. 그리하여 인디언들은 그들이 강제로 이동할 수 밖에 없었던 이 죽음의 길을 '눈물의 길(Trail of Tears)'이라고 불렀다. 눈 물의 길은 본래 체로키의 말로는 'Nunna daul Tsuny(the trail where they cried)', 즉 '그들이 눈물을 흘렸던 길'이라는 의미이다.

　오늘날에도 인디언들은 미국 내무부 인디언 정책국(Bureau of Indian Affairs)이 지정한 인디언 보호구역에서 미국 정부의 감독을 받고 있다. 게다가 자신들의 존재를 공식적으로 인정받지 못한 채 빈곤과 질병에 휩싸여 살아가는 인디언 부족들도 많다. 지금까지 인디언들에 대한 미국 정부의 과오와 인디언들의 고통은 국제 사회에서 크게 부각되지 않았다. 하지만 최근엔 미세하게나마 변화의 조짐이 일고 있다. 지난 2009년 오바마 대통령은 인디언 부족 회의에 참석하여 인디언들을 끌어안으려는 모습을 보였다. 미국 의회 또한 2010년 인디언에 대한 과거의 잘못을 공식적으로 사과하였다. 앞으로 미국 정부가 전체 인구의 2퍼센트도 되지 않는 인디언들에게 어떻게 다가가는지 지켜볼 일이다.

나바호 인디언 보호구역(Navajo Reservation) 표지석

테스티모니얼: 아메리카 원주민들의 사회적 지위에 대해 어떻게 생각하는가?

What do you think about the social status of
Native Americans in the U.S.?

아메리카 원주민들은 다른 소수 인종들과 마찬가지로 사회적·경제적으로 소외당하고 있다. 아메리카 원주민들은 백인들보다 고등학교 졸업률이 낮다. 이는 원주민들의 빈곤과 선거권 박탈이라는 악순환을 가중시킨다. 많은 아메리카 원주민들은 보호구역에서 살고 있지만, 높은 인구밀도와 부족한 주거 시설로 인해 어려움을 겪고 있다. 이러한 열악한 생활환경에서는 질병에 걸릴 확률이 높다. 그래서 정부가 아이들을 보호하기 위해 그들의 거주지 밖으로 데리고 가기도 한다.

Native Americans continue to be a marginalized community subject to social and economic consequences similar to other racial minorities. Native Americans are less likely to graduate from high school than their white counterparts, which furthers the cycle of poverty and disenfranchisement. Many Native Americans live on reservations, which tend to be overcrowded and have inadequate housing structures. Such living conditions lead to higher rates of illness, and in some cases, children are removed from their homes by government workers.

레아 하싱어Leah Hashinger | 펜실베이니아 주 피츠버그 출신

역사는 보는 관점에 따라 다르지만, 제2차
했다는 것이 학계의 중론이다. 그런데 만
후 다시 하나의 국가로 통합되지 못했더라
게모니를 장악할 수 있었을까? 역사에
한 가지 분명한 건 분열된 국가의 역량
의 남북전쟁은 연방을 탈퇴한 '남부 연
의 11개 주와 '북부 연방(The United
간 벌인 내전(內戰)이었다. 미국 역사
실로 엄청날 뿐만 아니라, 남북전쟁
정체성을 이해하기도 쉽지 않다. 세
로 거듭나고 있는 우리에게도 시사

세계대전 후 미국이 패권국의 지위를 차지
약 미국이 남북전쟁(American Civil War)
면 어땠을까? 지금처럼 경제와 군사의 헤
만약은 없기에 정답을 알 수는 없지만,
은 분산될 수밖에 없다는 것이다. 미국
합(The Confederate States of America)'
States of America)'의 19개 주가 4년
에서 남북전쟁이 차지하는 비중은
을 모르면 미국인들의 정서와 문화,
계 유일의 분단국이자 다문화 국가
하는 바가 있으리라 여긴다.

1. 남북전쟁, 미국 역사의 터닝포인트

경제 구조 차이로 인한 남부와 북부의 갈등

미국의 영토는 19세기 서부 개척을 통해 크게 확장됐다. 그러나 확장된 영토에서 노예제도를 허용하느냐는 미국 분열의 촉매제로 떠올랐다.

대규모 면화 농장, 즉 노예 노동력에 의한 플랜테이션(Plantation) 대농장 경제 중심이었던 남부의 주들은 노예제도를 합법적으로 인정하고자 했다. 대농장을 운영하려면 수많은 노예들이 필요했기 때문이다. 실제로 건국 초기 노예들 중 대다수가 미국 남부 9개 주에 살고 있었다. 그렇기에 남부 입장에서는 노예제 폐지가 농장 경제 붕괴로 이어질 수 있는 매우 위협적인 요구였던 것이다.

이에 반해 상공업과 금융업, 보호무역 중심이었던 북부는 노예제도 폐지를 주장했다. 북부는 남부처럼 땅이 비옥하지 않아 애초부터 대규모 농업은 적합하지 않았고, 또 당시 유럽에서 건너온 산업혁명의 영향으로 공업이 크게 발달하고 있었다. 이와 같이 남부와 북부는 지역의 특성과 경제 구조 차이로 인해 노예제도를 둘러싸고 첨예한 갈등을 빚고 있었다.

이런 상황에서 1850년, 도망간 노예를 도와준 사람까지 처벌하도록 하는 '도망 노예법(Fugitive Slave Acts)'이 의회에서 통과되었다. 그러자 이에 분개한 여류 작가 해리엇 비처 스토Harriet Beecher Stowe는 노예제의 참상을 생생하게 묘사한 책을 썼다. 1852년 출간된 이 책이 바로 남북전쟁의 도화선이 될 정도로 노예제 폐지에 불을 붙인 《톰 아저씨의 오두막Uncle Tom's Cabin》이다. 노예제의 잔혹성을 잘 모르고 있던 많은 미국인들이 이 책을 읽고 분개했으며 도망치는 노예들을 돕기 시작했다. 남북전쟁이 한창이던 1862년에는 링컨 대통령이 백악관에서 스토 부인을 만나 다음과 같이 말했다고 전해진다. "이렇게 작은 여성이 이 큰 전쟁을 일으킨 분이십니까?(Is this the little woman who made this Great War?)"

테스티모니얼: 남북전쟁의 근본 원인은 무엇인가?
What is the fundamental reason of the Civil War?

미국 남북전쟁의 근본 원인은 거의 모든 시민전쟁이 그렇듯이 이념 분열이다. 미국 남북전쟁의 원인이 되었던 서로 다른 이념은 공업에 의존한 북부와, 노예 노동과 농업에 의존한 남부 사이의 경제 구조 차이에 기인한다. 경제적 기반의 차이로 발생한 이념의 차이는 주권, 노예제도, 삶의 방식에 대한 충돌을 야기했다. 결국 모든 시민전쟁이 그렇듯이 긴장감이 너무 커지자 사람들은 중재의 수단으로 폭력과 전쟁을 택했다.

The fundamental reason for the Civil War in America is the reason for almost every civil war-an ideological divide. The differing ideologies that developed and caused the Civil War in America were rooted in the different economies between the North, which relied on industry, and the South, which relied on slave labor and agriculture. The ideologies differences produced by these economic underpinnings created a clash between differing concepts of sovereignty, slavery, and people's way of life. Ultimately, as with every civil war, the tension became so great that people turned to violence and war for reconciliation.

도미닉 세인트포트Dominic A. Saintfort | 오하이오 주 출신

갈등의 도화선, 링컨의 대통령 당선

노예제 존속을 주장한 남부는 노예제를 반대한 에이브러햄 링컨Abraham Lincoln이 1860년 11월 6일 미국 제16대 대통령으로 당선되자, 1860년 12월 사우스캐롤라이나 주를 시작으로 연방에서 탈퇴하기 시작했다. 연방을 탈퇴한 남부 7개 주(앨라배마, 플로리다, 조지아, 루이지애나, 미시시피, 사우스캐롤라이나, 텍사스)는 1861년 2월 8일 연방으로부터의 독립을 선언하고 '남부 연합'을 결성했다. 그리고 1861년 2월 18일 제퍼슨 데이비스Jefferson F. Davis를 남부 연합 대통령으로 선출했다. 남부의 또 다른 4개 주(아칸소, 노스캐롤라이나, 테네시, 버지니아)는 남북전쟁이 시작된 1861년 4월에 남부 연합에 합류했다.

링컨은 1861년 3월 대통령 취임 연설에서 남부 주들의 연방 탈퇴를 비헌법적인 행동으로 간주했다. 하지만 오늘날 알려진 것처럼 링컨은 적극적인 노예 해방론자가 아니었다. 그는 노예제를 반대했지만 이미 노예제가 있는 주에 대해서는 개입하지 않겠다고 선언했다. 링컨의 취임 연설문을 보면 그의 남북전쟁 목적이 무엇이었는지 한층 정확히 이해할 수 있다.

• 링컨 취임 연설문 中

노예제도가 존재하는 주에 대해서는 직접적이든 간접적이든 개입할 의도가 없습니다. 나에게는 그렇게 할 법적 권리가 있다고 믿지도 않고, 그러할 의향도 없습니다.

I have no purpose, directly or indirectly, to interfere with the institution of slavery in the States where it exists. I believe I have no lawful right to do so, and I have no inclination to do so.

우리가 헌법의 모든 조항을 제대로 시행한다면, 연방은 영원할 것입니다. 비헌법적인 행동을 하지 않고는 연방을 해체하는 것은 불가능하기 때문입니다. Continue to execute all the express provisions of our National Constitution, and the Union will endure forever, it being impossible to destroy it except by some action not provided for in the instrument itself.

이러한 링컨의 취임 연설문에 비춰 보면, 남북전쟁의 근본 원인은 연방의 영원성, 즉 연방에서 탈퇴한 남부 주들을 다시 연방으로 복귀시키는 것이었다. 링컨은 노예제도로 인해 연방이 무너지는 것을 무엇보다 우려했다. 남북전쟁은 노예해방이 쟁점으로 부각된 전쟁이었지만, 그 이면을 살펴보면 주권(州權)의 문제가 핵심 원인이었던 것이다. 그렇기에 노예제 폐지는 남북전쟁을 승리로 이끌기 위한 북부 연방의 정치 전략 혹은 명분이었을 가능성도 존재한다.

다음 사진은 남북전쟁이 발발하기 전인 1861년 2월 11일, 대통령 당선자 신분이었던 링컨이 취임식을 하러 워싱턴에 가는 도중, 인디애나폴리스(Indianapolis)에서 한 연설을 담은 표지판이다. 표지판 내용은 다음과 같다.

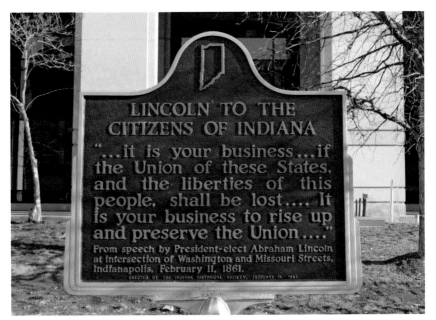

링컨의 인디애나폴리스에서의 연설 기념 표지판

(…) 이것은 여러분들의 일입니다. (…) 만약 이 주들의 연합과 이 사람들의 자유가 사라지게 된다면 (…) 연방을 보존하고 세우는 것은 여러분들의 일입니다. (…)

(…) it is your business (…) if the Union of these States, and the liberties of this people, shall be lost (…) It is your business to rise up and preserve the Union (…)

추천 명소: 켄터키 주 하젠빌의 링컨 생가[12]

　미국 제16대 대통령 에이브러햄 링컨은 1809년 2월 12일, 아버지인 토머스 링컨 Thomas Lincoln과 어머니인 낸시 행크스Nancy Hanks 사이에서 둘째로 태어났다. 링컨의 부모님은 링컨이 태어나기 2개월 전 켄터키 주 하젠빌(Hodgenville)의 '싱킹 스프링 농장(Sinking Spring Farm)'을 구입했고, 링컨은 이 농장에서 태어났다. 링컨이 태어난 통나무 집을 보존하기 위해 1906년 설립된 링컨 농장 연합(Lincoln Farm Association)은 싱킹 스프링 농장에 기념관을 건축했다(1907~1911년). 링컨 탄생 100주년인 1909년 2월 12일, 시어도어 루스벨트Theodore Roosevelt 대통령은 기념관 건축 현장을 방문해 초석을 놓았다. 1959년 싱킹 스프링 농장과 기념관은 '에이브러햄 링컨 출생지 국립 사적지(Abraham Lincoln Birthplace National Historic Site)'로 지정되었다.

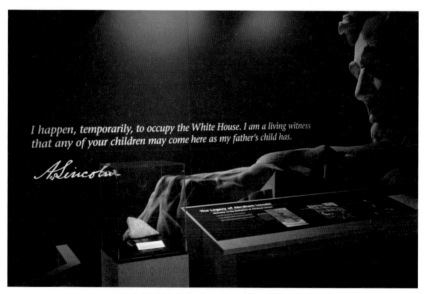

링컨 생가 방문객 센터 한쪽 벽에 적힌 문구

'I happen, temporarily, to occupy the White House. I am a living witness that any of your children may come here as my father's child has(나는 뜻밖에 백악관에 임시로 거주하게 되었습니다. 나의 아버지의 아들이 그랬듯이, 나는 당신들의 자녀들 중 누구라도 이곳에 올 수 있다는 것의 산증인입니다).'

싱킹 스프링 농장에 위치한 기념관(Memorial Building)

🌳 추천 명소: 스톤 마운틴의 남군 기념 조각

　미국 조지아 주 스톤 마운틴 공원(Stone Mountain Park)의 '스톤 마운틴'은 단일 화강암으로는 세계에서 가장 큰 바위산이다. 이 바위산 중턱 정면에는 남북전쟁을 기념해 '남군 기념 조각(Confederate Memorial Carving)'이 새겨져 있다. 조각상의 전체 넓이는 3에이커(약 1만 2,000제곱미터)로 세계에서 가장 큰 부조물이다. 조각 속의 인물들은 왼쪽부터 남부 연합 대통령 제퍼슨 데이비스, 남부 연합군 총사령관 로버트 리Robert E. Lee, 남부 연합군 장군 토머스 잭슨Thomas J. Jackson이다. 1932년에 시작된 남군 기념 조각 작업은 1972년에 완성됐다.

남군 기념 조각

남북전쟁의 첫 포탄이 떨어진 포트 섬터

미국 역사의 터닝포인트가 된 남북전쟁은 언제 시작되었을까? 남북전쟁은 사우스캐롤라이나 주 찰스턴 항에 인접한 북부 연방군 기지 '포트 섬터(Fort Sumter)'를 남부 연합군이 공격하면서 막을 올렸다. 남부 연합군은 1861년 4월 12일 새벽 4시 30분, 포트 섬터로부터 1.3마일(2.1킬로미터) 떨어진 '포트 존슨(Fort Johnson)'에서 34시간 동안 3,000발이 넘는 포탄을 포트 섬터로 쏘아 댔다. 남북전쟁의 시작을 알리는 첫 포성이 울린 것이었다. 당시 포트 섬터에는 북부 연방군의 로버트 앤더슨Robert Anderson 소령이 이끄는 소규모 병력이 고립되어 있었다.

포트 섬터 외부

　여기서 좀 의아한 점이 있다. 얼핏 보기에 치열해 보이는 이 전투에서 남부 연합군은 북부 연방군에 겁만 주려고 어설픈 포격을 가했던 것일까? 이틀 동안 그렇게 많은 포탄을 발사했지만 포트 섬터에서 희생당한 북부 연방군은 단 한 명도 없었다. 물론 남부 연합군에도 사상자는 없었다. 오히려 남북전쟁의 첫 사망자는 포트 섬터 전투가 끝난 직후에 발생했다.

　1861년 4월 14일 북부 연방군은 남부 연합군에 포트 섬터를 양도하면서 투항 의식을 치렀다. 이 투항 의식은 북부 연방군 앤더슨 소령이 남부 연합군에 항복하면서 요구한 단 하나의 조건이었다. 남부 연합군은 앤더슨 소령의 투항 조건을 받아 주었다. 북부 연방군은 포트 섬터에서 연방 국기를 게양한 채 100발의 예포를 발사하는 의식을 진행하였다. 그런데 북부 연방군의 다니엘 허프Daniel Hough라는 병사가 47번째 예포를 쓰기 위

포트 섬터 내부

포트 섬터에 첫 포탄을 쏜 '포트 존슨(Fort Johnson)'에 관한 안내판

해 포신에 화약을 넣는 순간 불꽃이 화약통에 옮겨 붙으면서 대포가 폭발
했다. 이 예기치 못한 사고로 다니엘 허프는 남북전쟁의 첫 사망자가 되었
고, 예포는 50발을 발사하는 것으로 끝났다.

1863년 7월 1일 남북전쟁의 전환점이자 가장 참혹한 전투로 평가받는 '게티즈버그 전투(Battle of Gettysburg)'가 벌어졌다. 이 전투로 링컨의 북부 연방군은 남북전쟁의 승기를 잡게 되었다. 하지만 게티즈버그에서 벌어진 단 3일간의 전투는 막대한 희생을 낳았다. 남부 연합군과 북부 연방군 합쳐 무려 5만 명이 넘는 사상자가 발생한 것이다.

전투 4개월 후인 1863년 11월 19일 링컨 대통령은 게티즈버그 전투지에서 진행된 국립묘지 봉헌식에서 민주주의 정신에 관한 짧막한 연설을 남겼다. 이 연설이 바로 미국 역사상 가장 위대한 연설로 꼽히는 '게티즈버그 연설(Gettysburg Address)'이다.

"… government of the people, by the people, for the people, shall not perish from the earth(… 국민의, 국민에 의한, 국민을 위한 정부는 이 땅에서 사라지지 않을 겁니다)."

남북전쟁의 결과, 노예해방과 통일 국가의 완성

1865년 4월 9일, 남부 연합군을 이끈 로버트 리 총사령관은 북부 연방군 총사령관 율리시스 그랜트Ulysses S. Grant에게 항복했다. 이로써 4년에 걸친 남북전쟁은 북부 연방의 승리로 막을 내렸다. 이 당시 링컨은 남북전쟁 후 국가 재통합을 위한 방안을 마련하고 있었다. 승장인 그랜트 장군도 패장인 남부 연합 리 장군과 그의 부하들을 전범(戰犯)으로 처리하지 않았다. 그러나 남북전쟁이 끝난 지 5일째 되던 1865년 4월 14일 밤, 링컨은 워싱턴 D.C.의 포드 극장에서 남부 분리주의자 존 윌크스 부스John Wilkes Booth가 쏜 총에 맞아 쓰러졌다. 그리고 다음날인 4월 15일 오전에 숨을 거두고 말았다.

　이렇게 남북전쟁은 공식적으로 막을 내렸지만 전쟁 후유증은 엄청났다. 4년간의 기나긴 내전을 치르는 동안 62만 명(북부 연방 36만 명, 남부 연합 26만 명)의 전사자가 발생했다. 남북전쟁을 배경으로 한 영화 〈바람과 함께 사라지다Gone with the Wind〉(1939)에서 화마가 남부 애틀랜타를 삼킨 것처럼, 남부 연합의 주들은 거의 폐허가 되었다. 그럼에도 불구하고 남북전쟁은 노예제를 폐지하고 분열된 국가를 통합시켰다는 점에서 실로 큰 역사적 중요성을 지닌다. 전쟁이 끝난 후 미국 의회는 1865년 12월 노예제도 폐지를 담은 수정 헌법 제13조를 통과시켰다. 이 수정 헌법으로 미국에서 노예제도는 공식적으로 사라지게 되었다. 또한 남북전쟁 후 1877년까지 남부의 모든 주들은 연방에 복귀하면서 미국은 다시 통일 국가의 모습을 갖추게 되었다.

　그러나 남북전쟁 후 모든 분열과 갈등이 사라진 것은 아니었다. 이후에도 한동안 남부에서는 흑백 분리 제도가 시행되었다. 또 'KKK단'이라 불리는 백인 우월주의 단체 '쿠 클럭스 클랜(Ku Klux Klan)'이 테네시 주 펄래스키(Pulaski)에서 조직되어 흑인들에게 테러를 가했다. 노예제도는 폐지되었지만 흑인들에 대한 인종차별은 사라지지 않았던 것이다.

미국 버지니아 주 알링턴 국립묘지 안에 있는 알링턴 하우스(Arlington House)는 남북전쟁 당시 남부 연합군 총사령관이었던 로버트 리 장군의 기념관(The Robert E. Lee Memorial)이다. 리 장군과 그의 가족들은 포토맥 강(Potomac River)과 워싱턴 D.C.가 내려다 보이는 알링턴 하우스에서 1831년부터 1861년 남북전쟁이 발발하기 전까지 30년 동안 살았다. 리 장군은 1861년 4월 남부 연합군을 이끌기 위해 리치먼드로 떠난 후 다시 이곳으로 돌아오지 못했다.

리 장군의 아내와 가족들이 알링턴 하우스를 떠나 피난을 간 지 9일째 되던 1861년 5월 24일, 알링턴 하우스와 주변 대지는 북부 연방군에게 점령당했다. 그리고 남북전쟁 기간 동안 이곳은 북부 연방군의 군사령부와 야영지로 사용되었다. 이후 1864년 군사 묘지가 된 알링턴 하우스와 주변 대지는 알링턴 국립묘지가 되었다.

알링턴 하우스

2. 경제성장과 대공황, 그리고 세계대전 속 미국

대륙 횡단 철도와 광속의 산업 성장

상공업과 보호무역 중심이었던 북부가 남북전쟁에서 승리한 이후, 19세기 후반 미국의 산업과 기술은 비약적으로 발전했다. 특히 미국의 풍부한 자원과 광활한 토지, 유럽 이민자들의 값싼 노동력은 산업화의 촉매제 역할을 톡톡히 했다. 무엇보다 대륙 횡단 철도가 완공된 후 교통수단이 발달함에 따라 영토가 지속적으로 개발되고 도시들이 폭발적으로 성장했다. 1869년 완공된 미국 최초의 대륙 횡단 철도는 캘리포니아 주 새크라멘토(Sacramento)에서 네브래스카 주의 오마하(Omaha)까지 1,756마일(2,826킬로미터)을 잇는 철도였다. 철도가 완성되면서 철도 주변에서 도시들이 성장했고, 산업 인프라도 만들어졌다. 또한 석탄과 철광석이 채굴되면서 제철 산업이 빠르게 발전하기 시작했다.

이 시기에는 과학과 자본주의도 이전과 비교할 수 없을 정도로 급속도로 발전했다. 토머스 에디슨Thomas A. Edison의 전구와 축음기 발명, 알렉산더 벨Alexander G. Bell의 전화기 발명과 같은 기술 혁신으로 미국은 '제2의 산업혁명'이라 불리는 급격한 변화와 경제 번영을 맞이하게 되었다. 또한

19세기 후반부터 석유왕 존 록펠러John D. Rockefeller, 철강왕 앤드류 카네기Andrew Carnegie, 철도왕 코넬리어스 밴더빌트Cornelius Vanderbilt, 자동차왕 헨리 포드Henry Ford와 같은 재계의 부호들이 미국의 산업을 이끌어 나가며 사회와 경제에 큰 영향을 미쳤다.

이러한 미국의 산업 자본주의 경제는 제1차 세계대전(1914~1918년) 후에도 지속적인 번영을 누렸다. 그러나 내부적으로는 계층 간 소득 불균형과 실업, 기업의 과잉 생산 등의 문제가 나날이 심각해지고 있었다. 특히 어마어마한 여유 자금이 주식에 몰리면서 주식시장은 점점 더 과열되어 갔다.

 인물 탐구: 석유 재벌 록펠러, 악덕 자본가인가 자선 사업가인가

인물에 대한 평가는 대조적이다. 공과(功過)가 동전의 양면처럼 존재하기 때문이다. 오늘날 석유왕 존 록펠러에 대한 평가는 극단적으로 엇갈린다. 어떤 이들은 그를 악덕 자본가라 하고, 또 어떤 이들은 그를 위대한 자선 사업가라고 말한다.

미국 역사상 가장 부자였던 록펠러의 재산은 현재 가치로 3400억 달러, 우리나라 돈으로 약 350조 원에 달한다. 1839년 미국 뉴욕 주 리치퍼드에서 태어난 그는 노동력 착취와 정경유착, 시장 독점 등을 통해 엄청난 돈을 벌어들였다. 록펠러는 1870년 스탠더드 오일 컴퍼니(Standard Oil Company)를 설립한 후, 40여 개의 기업을 잔인한 방법으로 합병하여 1882년 스탠더드 오일 트러스트(Standard Oil Trust)를 탄생시켰다. 당시 록펠러의 스탠더드 오일 트러스트는 미국에서 생산되는 석유의 90퍼센트 이상을 지배했다.

그런 그가 54세에 불치병으로 시한부 판정을 받은 뒤에는 인생의 후반부를 자선 사업에 몰두했다. 이후 건강이 회복되면서 그 후로도 40년을 넘게 살았지만, 당시 시한부 판정이 그의 인생을 나눔의 삶으로 바꾸는 데 일조했음은 분명하다. 독실한 기독교 신자였던 록펠러는 1937년 97세를 일기로 세상을 떠날 때까지 술과 담배를 멀리하며 근검절약을 실천했다. 그는 1890년에 거금을 기부해 시카고 대학을 세웠고, 1913년에는 록펠러 재단을 설립해 각종 자선 사업과 사회 공헌 활동에 전념했다.

록펠러 센터 GE빌딩 전망대에서 본 뉴욕의 야경

록펠러 센터

뉴욕 맨해튼의 록펠러 센터(Rockefeller Center)는 1930년대 대공황 시절 록펠러와 그의 아들인 록펠러 2세 John D. Rockefeller Jr가 세운 복합 건물 단지다. 록펠러 센터에는 70층 높이의 GE빌딩과 미국에서 가장 큰 공연장인 라디오시티 뮤직홀(Radio City Music Hall) 등이 있다.

암흑의 목요일 대공황과 뉴딜 정책

미국의 경제 번영이 지속될 것 같았던 1929년 가을, 요동치는 주식시장을 보면서 불안스러워 한 수많은 주식투자자들이 주식을 팔기 위해 뉴욕증권거래소(NYSE: New York Stock Exchange)로 몰려들었다. 그로 인해 1929년 10월 24일 주가가 대폭락하면서 미국의 증권 시장은 물론 경제가 파탄에 빠져들었다. 전례가 없는 '대공황(Great Depression)'이 시작된 것이었다. 미국 역사상 가장 참혹한 경제 붕괴를 초래한 이 '암흑의 목요일 (Black Thursday)'로 인해 수많은 기업들과 은행들이 줄줄이 파산했다. 거리에는 직장을 잃은 실업자들이 넘쳐 났다. 실업률은 1933년에 25퍼센트까지 치솟았다. 또한 미국 경제의 전무후무한 대공황의 여파는 영국과 프랑스를 포함한 전 세계 자본주의 국가로 빠르게 퍼져 나갔다.

이러한 대공황의 극심한 혼란 가운데 미국에서는 1932년 대통령 선거가 치러졌다. 굶주림과 절망의 늪에 빠져 있던 미국 국민들은 당시 대통령이었던 공화당의 허버트 후버 대신 '뉴딜(New Deal)' 정책을 내세운 민주당의 프랭클린 루스벨트Franklin D. Roosevelt를 미국 제32대 대통령으로 선택했다. 그는 대통령에 취임한 후 경제공황을 타개하기 위해 강력한 뉴딜 정책을 펼쳤다. 미국의 전통적인 자유방임주의(laissez-faire) 경제 체제에서 벗어난 것이다. 또한 정부가 자본주의 시장에 적극적으로 개입하고 통제할 수 있는 많은 뉴딜 법안들을 통과시켰다. 1933년, 테네시 강 유역의 댐과 발전소 공사와 같은 사회간접자본(SOC) 투자를 통해 경기를 부양하고 고용을 창출한 것이 대표적인 예이다. 이와 같은 뉴딜 법안들은 연방 정부의 권한을 금융과 사회복지, 공공사업까지 확대하고 강화시키는 결과를 가져왔다.

미국은 대공황을 통해 더 이상 '보이지 않는 손'에 미국 경제를 맡길 수 없다는 것을 깨달았다. 자본주의 체제의 본질은 지키더라도 국가가 시장에 적극적으로 개입해 공황을 극복해야만 했다. 결국 미국 경제는 존 케인스John M. Keynes의 수정자본주의를 반영한 뉴딜 정책과 제2차 세계대전 당시 군수 산업의 발전으로 대공황에서 서서히 벗어나게 되었다.

 추천 명소: 루스벨트의 명언을 새긴 프랭클린 델러노 루스벨트 기념관[14]

워싱턴 D.C.에 있는 '프랭클린 델러노 루스벨트 기념관(Franklin Delano Roosevelt Memorial)'은 프랭클린 루스벨트 대통령을 기리기 위한 기념관이다. 포토맥 강과 인접한 인공 호숫가를 따라 공원처럼 조성된 기념관에는 휠체어에 앉아 있는 루스벨트의 동상과 그의 명언을 새긴 돌벽, 인공 폭포 등이 있다. 특히 기념관 돌벽에 새겨진 명언들 중에는 1933년 루스벨트가 대통령에 취임하면서 대공황의 두려움에 빠진 미국 국민을 향해 던졌던 말이 인상적이다.

"The only thing we have to fear is fear itself(우리가 두려워해야 할 것은 두려움 그 자체뿐입니다)."

프랭클린 델러노 루스벨트 기념관

기념관 돌벽에 새겨진 명언

추천 명소: 뉴딜 정책의 상징이 된 후버 댐[15]

대공황 시대에 건축된 후버 댐(Hoover Dam)은 미국 네바다 주와 애리조나 주 경계에 있는 콜로라도 강 유역의 콘크리트 아치 중력(Concrete Arch-Gravity) 댐이다. 뉴딜 정책의 일환으로 1931년 건설을 시작해 1935년 완공됐으며, 총 2만 1,000명이 댐 공사에 동원되었다. 댐 높이는 726.4피트(221미터)이고 무게는 660만 톤 이상이다. 댐과 발전소, 그 밖의 시설을 건설하는 데 들어간 콘크리트는 436만 입방 야드(cubic yard)로, 샌프란시스코에서 뉴욕 시까지 16피트(약 5미터) 넓이의 고속도로를 포장할 수 있는 양이라고 한다. 댐 이름은 원래 볼더 댐(Boulder Dam)이었으나 1947년 미국 제31대 대통령인 허버트 후버를 기념해서 후버 댐으로 개칭되었다.

후버 댐 내부

후버 댐의 전경과 주변

세계대전과 미국의 번영

미국은 전쟁을 통해 경제대국으로 우뚝 선 대표적인 나라다. 지난 두 차례의 세계대전을 예로 살펴보자. 1914년 제1차 세계대전이 터졌을 때 미국 제28대 대통령 우드로 윌슨Woodrow Wilson은 중립을 선언하고 전쟁에 끼어들지 않았다. 대신 전쟁 물자를 생산해 프랑스와 영국 등 연합군에 판매하면서 막대한 돈을 벌기 시작했다. 이후 미국은 1917년 뒤늦게 연합군의 일원으로 참전했지만, 미국 본토는 전쟁의 직접적인 피해를 입지 않았다. 특히 유럽 국가들이 전쟁 후 피해를 복구하는 동안 미국의 자동차와 전기, 라디오, 화학 산업 등은 엄청난 속도로 성장했다. 때문에 미국의 산업 자본주의는 제1차 세계대전 후에도 대공황 직전까지 호황을 누릴 수 있었다.

제2차 세계대전 때도 미국은 전쟁의 반사이익을 누렸다. 1939년 제2차 세계대전이 발발하자 미국은 다시금 전쟁 초기 고립주의 외교 노선을 내세우며 중립을 고수했다. 그러고는 제1차 세계대전 때와 마찬가지로 엄청난 양의 전쟁 무기와 물자를 생산해 연합국에 판매했다. 루스벨트 대통령은 당시 이러한 미국의 외교 정책 기조를 '민주주의 병기창(Arsenal of Democracy)'이라고 표현했다. 이후 1941년 12월 일본군이 하와이 오하우 섬 진주만에 있는 미군 기지를 공격하자 미국은 일본에 선전포고를 하고 연합군으로 전쟁에 참전했다. 그리고 1945년 8월에 일본 히로시마와 나가사키에 원자폭탄을 투하하면서 일본의 항복을 이끌어 냈다. 이렇게 가공할 만한 위력의 원자폭탄을 천문학적 비용을 들여 완성하게 한 전쟁을 통해 미국의 군수 산업과 항공 산업은 역사상 전례 없는 발전을 이룩했다. 뿐만 아니라 다른 나라들이 전쟁 후유증으로 경제적인 어려움을 겪고 있을 때 미국은 홀로 경제성장과 번영을 누렸다. 사실상 제2차 세계대전 이후부터 미국이 군사적 경제적으로 패권국의 지위를 확실히 거머쥐게 된 것이다.

 추천 명소: 전몰장병을 기리는 제2차 세계대전 국립 기념물[16]

제2차 세계대전 국립 기념물(National World War Ⅱ Memorial)은 워싱턴 D.C.의 중심부인 링컨 기념관(Lincoln Memorial)과 워싱턴 기념탑(Washington Monument) 사이에 건립되어 있다. 제2차 세계대전 때 전사하거나 실종된 40만 5,399명의 미군 병사들을 추모하기 위해 세워진 기념물로, 5미터 높이의 화강암 기둥 56개와 13미터 높이의 아치형 파빌리온 두 개가 세워져 있다. 56개의 기둥은 제2차 세계대전 당시 미국의 48개 주와 7개의 연방령, 컬럼비아 특별구를 상징한다. 두 개의 홍예문은 태평양과 대서양 전선에서의 미국의 승리를 나타낸다. 또 기념물 내의 '자유의 벽(Freedom Wall)'에는 4,048개의 금빛 별이 조각되어 있는데, 각 별들은 전쟁 당시 사망한 100명의 미군을 상징한다.

제2차 세계대전 국립 기념물

자유의 벽

3. 미소 냉전과 인종 갈등의 시대

미국과 소련의 양극체제

제2차 세계대전의 종식과 함께 자본주의 국가인 미국은 사회주의 국가인 소련과 '냉전'에 의한 양극체제로 돌입했다. 냉전은 소련이 전쟁 후 동유럽의 국가들을 공산화하자, 미국이 서유럽에서 공산주의의 팽창을 저지하기 위해 경제난에 허덕이던 서유럽 국가들을 지원하는 '마셜 플랜(Marshall plan)'을 수립함으로써 시작되었다. 그리고 미국은 소련을 중심으로 한 동유럽 국가들의 서유럽 국가들에 대한 안보 위협에 대응하기 위해 1949년 12개 국가가 참여한 '북대서양조약기구(NATO: North Atlantic Treaty Organization)'의 창설을 주도했다.

이처럼 미국은 유럽에서 소련과 팽팽한 긴장 관계를 유지한 채 전쟁은 피하고 있었지만, 아시아에서는 공산주의의 팽창을 막기 위해 직접적인 군사개입도 마다하지 않았다. 한국전쟁(1950~1953년)이 그 대표적인 예다. 1950년 6월 25일 소련과 중국의 지원을 받은 북한이 한반도의 공산화를 목적으로 전쟁을 일으키자, 미국은 국제 연합군과 함께 참전해 북한 및 중국 공산당과 맞서 싸웠다.

미국과 소련의 냉전 양극체제는 소련이 쿠바에 핵미사일 기지를 건설하면서 최고조에 이르렀다. 1962년 10월 미국 케네디 대통령은 중앙정보국(CIA)을 통해 소련이 핵미사일 기지를 쿠바에 건설하고 있다는 첩보를 입수했다. 이에 케네디는 1962년 10월 22일 텔레비전 연설에서 소련이 쿠바에 핵미사일 기지를 건설하고 있음을 전 세계에 공개하고, 군사력으로 쿠바를 둘러싼 해상을 전면 봉쇄했다. 이 '쿠바 봉쇄'로 인해 미국과 소련 사이에는 일촉즉발의 전운이 감돌았고 전 세계는 핵전쟁의 두려움 속으로 빠져 들었다. 다행히도 소련이 쿠바에서 미사일을 철거하면서 핵전쟁의 위기는 일단락되었다.

그 뒤로 1972년 미국 리처드 닉슨Richard M. Nixon 대통령의 중국 방문을 계기로 이른바 '데탕트(détente, 긴장 완화)' 시대를 맞이하게 되었다. 이후 1989년 냉전의 상징이었던 독일 베를린 장벽이 무너지고 1991년 소련이 붕괴되면서, 40여 년간의 냉전체제는 종식되었다. 게다가 미국은 1961년 냉전 시대에 외교 관계를 단절했던 쿠바와 2015년 7월, 54년 만에 국교를 완전히 정상화하고, 양국 수도에 대사관을 재개했다. 국제정치에는 영원한 적도, 영원한 우방도 없다는 명언이 새삼스럽게 떠오르는 사건이 아닐 수 없다.

 상식 백과: 냉전시대 마녀사냥 매카시즘

미국 본토에서는 한국전쟁이 발발했던 1950년부터 1954년까지 극단적인 반공산주의 열풍인 매카시즘(McCarthyism)이 휘몰아쳤다. 1950년 2월 미국 공화당 상원의원이었던 조셉 매카시Joseph McCarthy는 당원 대회에서 "나는 국무부 내 205명의 공산주의자 명단을 가지고 있다"라고 주장하며 미국에 반공 광풍을 불러 일으켰다. 매카시의 주장으로 수많은 정치인들이 공산주의자로 몰려 청문회에 불려 나왔으며, 과도한 공산주의자 색출 작업으로 일반 시민들까지 조사를 받았다. 1952년에는 무성영화의 아이콘 찰리 채플린Charles Chaplin이 공산주의자로 낙인 찍혀 미국을 떠난 뒤 스위스에 정착해야만 했다.

🌲 추천 명소: 동족상잔의 비극이 느껴지는 한국전 참전용사 기념관[17]

한국전 참전 용사 기념관(Korean War Veterans Memorial)은 워싱턴 D.C. 링컨 기념관 남동쪽 웨스트 포토맥 공원에 위치해 있다. 한국전쟁에 참전한 미군 병사들을 기리기 위해 세운 조형물로, 1995년 7월 27일 제막되었다. 이 기념관 중앙에는 판초우의를 입은 미군 병사 19명의 동상이 서 있으며, 기념관 벽에는 'Freedom is not free(자유는 공짜가 아니다)'라는 글귀가 새겨져 있다. 또 동상 앞 화강암 바닥에는 다음과 같은 글이 새겨져 있다.

'Our nation honors her sons and daughters who answered the call to defend a country they never knew and a people they never met(우리 미합중국은 그들이 전혀 알지 못했던 나라, 한 번도 만난 적 없는 사람들을 지키기 위해 조국의 부름에 응했던 우리의 아들과 딸들에게 경의를 표한다).'

한국전 참전 용사 기념관의 미군 병사 19명의 동상

한국전 참전 용사 기념관 벽에 새겨진 글귀

우주 공간에서 소련과 경쟁

　냉전 시대에 미국은 소련과 군사력뿐만 아니라 우주 개발을 놓고도 치열한 경쟁을 벌였다. 우주 개발을 통해 자국의 과학기술 능력이 더 우월하다는 것을 보여주고 싶었기 때문이다. 그런 가운데 1957년 10월 4일 소련이 세계 최초의 인공위성 '스푸트니크 1호(Sputnik 1)'를 발사하자 미국은 자존심에 큰 상처를 입었다. 소련의 인공위성 발사에 자극받은 아이젠하워 대통령은 1958년 7월 29일 미국 항공우주국(NASA)을 설립했다. 이후 1961년 5월 25일 케네디 대통령은 의회 연설에서 우주 개발에 관한 야심찬 비전을 발표했다.

　나는 미국이 앞으로 10년 내에 인간을 달에 착륙시키고 무사히 귀환시키는 목표를 달성하는 데 전념해야 한다고 믿습니다.

This nation should commit itself to achieving the goal, before this decade is out, of landing a man on the moon and returning him safely to the earth.

마침내 케네디의 비전은 8년 뒤에 실현되었다. 1969년 7월 16일 케네디 우주 센터(Kennedy Space Center)에서는 유인 우주선인 '아폴로 11호(Apollo 11)'를 달로 쏘아 올렸다. 그로부터 5일 뒤인 7월 21일, 아폴로 11호는 인류 최초로 달 상륙에 성공했고, 이로 인해 미국은 소련과의 우주 개발 경쟁에서 주도권을 되찾게 되었다. 당시 달에 처음 발을 디뎠던 닐 올던 암스트롱Neil Alden Armstrong은 나사 본부와의 교신에서 역사에 길이 남을 명언을 남겼다.

한 인간에게는 작은 발걸음이지만, 인류에게는 커다란 첫 도약이다.

That's one small step for [a] man, one giant leap for mankind.

2015년 7월 14일 미국은 우주 개발 역사에서 또 하나의 큰 획을 그었다. 미국 항공우주국의 무인 우주탐사선 '뉴 호라이즌스(New Horizons)'가 9년 6개월간 56억 7000만 킬로미터를 날아가 태양계 가장 바깥에 있는 명왕성 접근에 성공한 것이다. 우주 개발의 새 지평을 연 미국이 우주의 비밀을 어디까지 풀어갈지 기대된다.

앨라배마 주 헌츠빌(Huntsville)에 위치한 '미국 우주 로켓 센터(U.S. Space&Rocket Center)'는 '로켓의 아버지'로 불리는 베르너 폰 브라운Wernher von Braun 박사의 제안으로 설립되었다. 독일 출신의 브라운 박사는 베를린 공대에서 액체연료로켓을 전공했으며, 제2차 세계대전 후 미국으로 건너가 장거리 로켓 연구를 계속했다. 이후 미국 항공우주국(NASA) 소속 연구원이 된 브라운 박사는 '아폴로 11호'를 달로 쏘아 보낸 새턴 V 로켓을 개발하였다.

미국 우주 로켓 센터

인권 투쟁과 인종 갈등

1863년 링컨이 노예해방 선언을 한 이후에도 흑인들은 미국 사회에서 인권을 보장받지 못했다. 흑인들은 시민으로서의 권리를 보장받기 위해 끊임없이 민권 운동을 펼쳤지만, 인종차별은 쉽게 사라지지 않았다. 흑백 분리법이 존재했던 당시 흑인들은 백인들이 이용하는 시설을 이용할 수 없었다. 실례로 1955년 12월 앨라배마 주 몽고메리에서는 로사 파크스Rosa Parks라는 흑인 여성이 버스에서 백인에게 자리를 양보하지 않았다는 이유로 경찰에 체포되었다. 이 사건을 계기로 민권운동은 미국 전역으로 확산되었다. 이때 흑인 인권 운동에 앞장 선 인물이 바로 마틴 루서 킹Martin Luther King Jr 목사였다.

1963년 8월 28일 워싱턴 D.C. 링컨 기념관 앞에는 전국에서 25만여 명의 흑인들이 모였다. 이 자리에서 마틴 루서 킹 목사는 우리에게 너무나 잘 알려진 '나에게는 꿈이 있습니다(I have a dream)'라는 연설을 남겼다. 인종차별 철폐를 위해 여러 차례 투옥되면서도 현실과 타협하지 않았던 킹 목사의 이날 연설은 수많은 흑인들의 마음을 흔들어 놓았다.

• 마틴 루서 킹 목사의 '나에게는 꿈이 있습니다(I have a dream)' 연설 中

나에게는 꿈이 있습니다. 언젠가는 조지아의 붉은 언덕에서 옛 노예의 자손들이 옛 노예 주인들의 자손들과 함께 형제애의 테이블에 앉을 수 있게 되리라는 꿈입니다.

I have a dream that one day on the red hills of Georgia the

sons of former slaves and the sons of former slave-owners will
be able to sit down together at a table of brotherhood.

이 시기에 또 다른 흑인 인권 지도자였던 말콤 엑스Malcolm X는 마틴 루
서 킹의 비폭력주의와 달리 흑백 분리라는 강경한 흑인 인권 운동을 전개
하였다. 그러나 1965년 2월 말콤 엑스가 암살당하고 마틴 루서 킹 역시
1968년 4월 암살되면서 흑인 사회는 위대한 민권 운동가 두 명을 한꺼번
에 잃게 되었다. 특히 마틴 루서 킹 목사가 암살당한 후 흑인들의 인권 시
위와 인종 간의 폭력은 걷잡을 수 없을 정도로 빠르게 전국으로 번져 갔다.

오늘날 미국 사회에서 흑인들의 사회적 지위와 경제적 형편이 과거에

마틴 루서 킹 목사가 암살당한 로레인 모텔 306호실 발코니
테네시 주 멤피스에 흑인 미화원들의 파업 투쟁을 지지하러 간 마틴 루서 킹 목사는 1968년 4월 4일 18시
01분, 그가 묵고 있던 로레인 모텔(Lorraine Motel) 발코니에서 암살당했다.

마틴 루서 킹 목사가 '나에게는 꿈이 있습니다' 연설을 했던 링컨 기념관 계단

비해 나아진 것은 분명하다. 하지만 인종 갈등은 여전히 미국 사회를 뜨겁게 달구고 있다. 2014년 8월 미주리 주 퍼거슨에서는 비무장 상태인 18세 흑인 청년이 백인 경관의 총에 맞아 숨지는 사건이 발생했고, 이에 항의하는 대규모 시위가 전국적으로 벌어졌다. 또 2015년 6월에는 사우스캐롤라이나 주 찰스턴에서 20대 백인 우월주의자가 흑인 교회에서 총을 난사해 9명이 숨지는 참사가 발생했다. 잊을 만하면 터지는 인종 증오 범죄는 미국 사회에 인종 갈등이 얼마나 뿌리 깊게 박혀 있는지 여실히 보여 주고 있다.

테스티모니얼: 미국 사회에 인종차별이 여전히 존재하는가?

Does the racial discrimination still exist in the U.S.?

물론이다. 나는 인종차별 행위(Racial Discrimination)와 인종주의(Racism) 간에는 차이가 있다고 믿는다. 전자는 누구든지 주체가 되어 인종차별을 가할 수 있다. 예를 들어 러시아계 미국인이 어떤 그룹을 만들고, 아메리카 원주민들은 회원가입을 할 수 없도록 함으로써 인종을 차별할 수 있다. 반면, 인종주의는 사회의 다수를 차지하는 지배계층이 권력을 확립하거나 유지하기 위해 행하는 인종차별이다. 불행히도 미국에는 인종주의가 여전히 존재한다.

인종주의가 미국의 보건, 교육, 법, 정치, 그리고 기업 시스템에 여전히 영향을 미친다는 것을 보여 주는 많은 연구와 자료들이 있다. 또한 통계자료를 보면, 흑인은 다른 인종에 비해 인종 프로파일링(인종으로 용의자를 추적하는 수사기법)의 대상이 될 가능성이 높음을 알 수 있다. 내가 2013년 여름에 내쉬빌로 온 이후, 백인 경찰관은 여러가지 이유로 내 차를 7차례 이상 도로에 세웠다. 내 운전 경력과 범죄 기록을 확인한 후 위반 딱지를 준 적은 없다. 그들은 단지 나를 조사하고 싶었을 뿐이다.

Absolutely. I also believe that there's a difference between racial discrimination and racism. Racial discrimination can be performed by anyone despite race. For example, a Russian-American can form a group and discriminate against Native-Americans by prohibiting their membership. However, racism is racial discrimination from the dominant, or controlling, group in a society in efforts to establish or maintain power. Unfortunately, in the US, racism is still well and alive.

There are numerous studies and data that show racism still impacts America's healthcare, education, judicial, political, legal, and corporate systems. Most personally applicable statistics show that Blacks are more likely to encounter racially profiling than any other race. Since moving to Nashville in the summer of 2013, I have been pulled over SEVEN times by White police officers for various reasons. After checking my driving record and criminal history, I have never received a ticket. They just wanted to check me out.

이라 하든Ira A. Harden | 캘리포니아 주 로스앤젤레스 출신

4. 9.11 테러와 미국 사회 변화의 물결

미국의 심장을 강타한 9.11 테러

2001년 9월 11일, 미국 경제의 심장인 뉴욕에서 세계무역센터 쌍둥이 빌딩이 이슬람 테러조직의 항공기 납치 공격으로 무너지는 초유의 사태가 발생했다. 미국 국방부 펜타곤 건물도 납치된 항공기의 테러공격을 받았다. 테러조직에 납치된 또 다른 항공기는 펜실베이니아 주 피츠버그 남동부에 추락했다. 동시다발적으로 벌어진 테러 공격으로 3,000여 명이 사망하고 6,000명 이상이 부상당했다. 미국 본토에서 벌어진 대규모 테러 공격은 미국인들뿐만 아니라 전 세계인들을 공포 속으로 몰아넣었다.

테러 발생 후 미국 제43대 대통령인 조지 W.부시George W. Bush는 아프가니스탄의 알 카에다(Al-Qaeda)와 오사마 빈 라덴Osama bin Laden을 테러 용의자로 지목하고 '테러와의 전쟁'을 선포했다. 미국은 영국과 다국적군을 구성하여 2001년 10월 아프가니스탄 탈레반 정권과 알 카에다 조직들에 대한 보복 공격을 시작했다. 다국적군의 보복 공격은 2003년 4월 이라크 후세인 정권을 붕괴시킬 때까지 지속되었다.

그러나 미국의 이라크 공격은 국제 사회의 비난을 불러일으켰다. 이라크와의 전쟁이 길어지자 미국 내에서도 미국이 세계 경찰 국가로서의 역할을 지속해도 되는지에 대한 회의적인 시각이 늘어나기 시작했다. 9.11테러와 이라크 전쟁 간의 연관성에 의문을 품는 미국인들도 늘어났다. 일각에서는 석유 때문에 이라크를 공격한 것이 아니냐는 주장도 제기됐다. 뿐만 아니라 냉전 종식 후 미국이 침체된 군수 산업을 다시 일으키기 위해 전쟁에 몰입한다는 비판의 목소리도 나왔다.

 추천 명소: 그날의 아픔 '그라운드 제로'

　뉴욕의 '그라운드 제로(Ground Zero)'는 2001년 9.11 테러로 무너진 세계무역센터(WTC) 쌍둥이 빌딩이 있던 자리다. 이곳에는 두 개의 거대한 인공 폭포가 조성돼 있다. 옛 세계무역센터 북쪽 타워가 있던 자리에는 '노스 메모리얼 풀'이 있고, 남쪽 타워가 있던 자리에는 '사우스 메모리얼 풀'이 있다. 이 인공 폭포들의 난간 동판에는 3,000여 명의 테러 희생자들의 이름이 새겨져 있다. 지금 그라운드 제로 지역에는 7개의 세계무역센터 건물들이 세워지고 있다. 2014년 개장한 '원 월드 트레이드 센터(One World Trade Center, 1WTC)'는 높이 1,776피트(541미터)의 104층 건물로, 미국에서 가장 높은 건물이다. 1,776피트는 미국이 독립선언서를 채택한 1776년을 상징한다.

메모리얼 풀

원 월드 트레이드 센터

금융 위기와 경제 회복

미국은 9.11테러 등으로 경기가 악화되자 2000년대 초부터 오랫동안 초저금리를 유지했다. 그 결과 주택 수요가 늘어나고 주택 가격이 상승하면서 부동산 열기가 과열되었다. 주택을 구입할 여력이 없는 사람들까지도 은행에서 무리하게 대출을 받아 집을 사기 시작했던 것이다. 그러자 미국연방준비제도(Fed)는 과도한 물가상승을 우려해 기준금리를 인상했다. 이는 저소득층 주택담보대출인 서브 프라임 모기지(Subprime Mortgage)의 금리 인상으로 이어졌다. 금리 인상으로 인해 서브 프라임 모기지 연체율이 2007년 13.77퍼센트까지 올라가자 대출금을 갚을 수 없게 된 많은 사람들이 급매로 집을 내놓았다. 그 결과 주택가격이 폭락하면서 미국의 부동산 시장은 급속도로 붕괴되었다. 이 과정에서 서브 프라임 모기지 파생 상품을 사들였던 투자은행 리먼 브라더스(Lehman Brothers)가 파산했고 대형 금융사들의 재무 상황이 급격히 악화되었다. 결국 서브 프라임 모기지로 촉발된 금융 위기는 2008년 미국 경제뿐만 아니라 우리나라를 포함한 세계 경제에 큰 타격을 주었다.

현재 미국 경제는 금융 위기에서 벗어나 조금씩 회복되고 있다. 주가를 포함한 각종 경제지표들이 상승하고 있으며 실업률은 금융 위기 이후 가장 낮은 수준까지 떨어졌다. 또 경기가 회복되고 있다고 판단한 미국연방준비제도는 지난 2014년 10월 양적 완화를 종료했다. 오바마 대통령도 2015년 연두교서 연설에서 미국이 금융 위기의 그림자에서 벗어났음을 선언하였다.

최초의 흑인 대통령과 미국의 변화

2008년 11월 4일 미국 역사상 최초로 흑인이 대통령에 당선되었다. 그 주인공은 바로 미국 제44대 대통령에 취임한 버락 오바마다. 불과 반세기 전만 하더라도 투표권을 갖지 못했던 흑인이 미국의 대통령이 됐다는 것만으로도 미국 사회가 또 다른 변화의 시대로 가고 있음을 보여 준다.

하지만 지난 2014년 12월 블룸버그 통신 계열의 블룸버그 폴리틱스가 미국 성인 1,001명을 대상으로 한 설문조사 결과를 보면, 전체 응답자 중 53퍼센트가 오바마 대통령 집권 이후 인종 관계가 더 악화되었다고 답했다. 응답자의 절반 이상이 최초의 흑인 대통령 탄생 이후 인종 갈등이 더 심화되었다고 느낀 것이었다. 미국 사회에 깊이 뿌리박힌 인종 갈등을 당장 개선하는 것은 어렵겠지만, 흑백 갈등을 해결하지 않는다면 미국이 성숙한 다문화 나아갈 수 없으리라 생각된다.

오늘날 국제 사회는 경제 논리를 기반으로 다극화되고 있다. 더군다나 테러와의 전쟁, 끊임없는 총기 사고, 인종 간 갈등 등 대내외적으로 풀어야 할 여러가지 문제에 직면해 있다. 특히 날로 심각해지는 계층 간 소득 불균형과 극심한 부의 편중은 미국 사회와 경제에 커다란 불안 요소로 작용하고 있다. 실제로 지난 2011년 9월 뉴욕 맨해튼의 월 스트리트에서는 탐욕스런 자본 논리와 빈부 격차에 항의하는 수많은 시민들이 '월 스트리트를 점령하라(Occupy Wall Street)'라는 구호를 외치며 분노를 표출했다. 막강한 경제력과 군사력을 기반으로 21세기 국제 질서를 주도하고 있는 미국이 앞으로 어떤 역사를 써 나갈지 지켜봐야 할 시점이다.

6장

미국의 정치 : 가장 오래된 연방 국가

여느 나라와 마찬가지로 미국에서도 정치인에 대
2014년 12월 갤럽이 미국 성인들을 대상으로
방의회 의원(Members of Congress)이 가장 부정
했다. 그런데 미국 정치의 메커니즘은 대의 민주주
있다. 왜 그럴까? 바로 정치인들의 부정부패를 막
도적 장치가 끊임없이 보완되는 가운데 정치 시스템
이루어지고 있기 때문이다. 무엇보다 미국의 정치 시
심에는 흔들리지 않는 법치주의의 근간과, 권력의
시민들의 적극적인 정치 참여가 자리 잡고 있다.

한 국민들의 신뢰는 매우 낮다.
전화 인터뷰 조사를 한 결과, 연
직하고 비윤리적인 직업으로 꼽
의의 표본이 될 정도로 선진화되어
을 수 있는 법적, 제
의 고도화가
스템의 중
분권화, 그리고

1. 권력을 쪼개는 연방 정부 시스템

미국 헌법과 정부 시스템

미국 헌법(The Constitution of the United States of America)의 전문은 다음과 같다.

우리 합중국의 국민은, 보다 완전한 연방을 이루고, 정의를 세우고, 국내의 평온을 지키고, 공동 방위를 제공하고, 일반 복지를 증진하고, 우리 자신과 우리 후손들에게 자유의 축복을 보장하기 위하여, 미합중국을 위한 이 헌법을 제정한다.

We the People of the United States, in Order to form a more perfect Union, establish Justice, insure domestic Tranquility, provide for the common defence, promote the general Welfare, and secure the Blessings of Liberty to ourselves and our Posterity, do ordain and establish this Constitution for the United States of America.

1787년 9월 17일 서명된 미국 헌법은 유럽에서 건너온 이민자들이 세

미국 연방 대법원

우고자 한 민주주의 국가의 원형을 담고 있다. 즉 국가의 권력이 국민에게 있고, 국가의 모든 권력이 국민으로부터 나온다는 국민주권(Popular Sovereignty)의 원리를 명시한 최초의 성문헌법이 미국 헌법이다. 이와 같이 민주주의 원리를 규정한 미국 헌법은 연방주의와 권력 분립(Separation of Power)의 원칙, 견제와 균형(Checks and Balances)의 원리에 입각해 연방 정부와 주 정부가 권력을 나눠 갖는 정부 시스템을 규정한다. 또 정부의 권력을 입법부, 행정부, 사법부로 배분하여 어느 한곳에 집중되는 것을 방지하고 있다. 다시 말해 삼권분립을 통해 지나친 권력 행사를 제도적으로 막고 있다. 오늘날 미국이 민주주의 국가의 본보기가 된 이유는 행정부(대통령), 입법부(상원과 하원), 사법부의 권력 분립과 견제와 균형의 원리가 헌법에 명확히 구현되었기 때문이다.

미국 헌법을 좀 더 구체적으로 살펴보면 헌법 제1조는 입법부에 대한 내용이다. 입법권이 의회에 있음과 상·하원의 선출 및 구성 방식, 임기 등을 규정하고 있다. 헌법 제2조는 행정부에 대한 내용이다. 행정권이 대통령에게 있음과 대통령의 선출 방식, 임기, 권한 등을 규정하고 있다. 헌법 제3조는 사법부에 대한 것이다. 사법권이 대법원, 그리고 의회가 설립하는 하급 법원에 있음과 사법권의 범위 등을 규정하고 있다.

 추천 명소: 기록의 힘 미국 국립 문서 보관소[18]

워싱턴 D.C.에 위치한 미국 국립 문서 보관소(The National Archives Building)는 국가의 중요한 문서들을 보관 및 전시하는 곳이다. 특히 국립 문서 보관소 로턴더(Rotunda)에는 독립선언서, 미국 헌법, 권리장전 원본이 전시되어 있다. 원래 독립선언서와 미국 헌법 원본은 미국 의회 도서관에서 보관 중이었는데, 1952년 12월 13일 국립 문서 보관소로 옮겨짐에 따라 '자유의 헌장(The Charters of Freedom)'이라 불리는 이 세 개의 문서가 모두 한곳에 모이게 된 것이다. 1952년 이후 독립선언서, 미국 헌법, 권리장전은 비활성 헬륨 가스로 채워진 밀봉된 상자 안에 보관되어 일반인들에게 공개되고 있다. 1995년 독립선언서와 권리장전 보관 상자의 유리에서 손상의 징후가 발견되어 2001년 7월부터 전시가 중단되기도 했지만, 보관 상자를 교체한 후 2003년 9월부터 다시 전시되고 있다.

미국 국립 문서 보관소

연방 정부의 권한

　미국은 50개 주(본토 48개 주, 알래스카, 하와이)와 어느 주에도 속하지 않는 컬럼비아 특별구(워싱턴 D.C.)로 구성된 연방 국가다. 연방 국가의 중앙 정부인 연방 정부는 권력 분립 원칙에 따라 입법부, 행정부, 사법부, 독립 기관으로 구성되어 있다. 미국 헌법에 의해 연방 정부는 화폐 발행, 전쟁 선포, 군대 창설, 연방 과세, 조약 체결에 관한 배타적 권한을 갖는다. 국제 관계 및 각 주 사이의 관계와 관련된 사항들도 연방 정부가 관할한다. 즉 국가 전체와 관련된 국방, 외교, 경제는 연방 정부의 권한이다. 반면 세금 징수, 법원 설치와 같은 권한은 연방 정부와 주 정부가 공유한다. 미국 헌법이 연방 정부에 부여하지 않은 대부분의 권한들은 주 정부에 부여되어 있다.

 상식 백과: 연방 정부 셧다운

　연방 정부 셧다운(Shut down)은 새해 예산안 통과 시점까지 정당 간의 예산안 합의가 이루어지지 않는 경우 국방과 치안 등 국가 안보와 사회 안전을 제외한 연방 정부의 업무가 일시적으로 정지되는 상태를 말한다. 지난 2013년 10월 1일, 미 행정부의 셧다운으로 서부 옐로스톤 국립공원을 포함한 미국 401개 국립공원들이 폐쇄됐다. 미국의 국립공원은 연방 정부 내무부 국립공원 관리청(NPS) 관할이다. 당시 유타 주를 포함해 국립공원 폐쇄로 지역경제에 큰 타격을 받던 일부 주 정부의 주지사들은 주 자체적으로 국립공원 운영 경비를 조달하겠다며 연방 정부에 국립공원 재개장을 강력히 요구하기도 했다.

주 정부의 권한

미국은 음주 연령, 혼인 연령, 운전면허 취득 연령, 사형 제도와 같은 법들이 각 주마다 다르다. 그래서 미국은 마치 50개의 개별 주권 국가가 하나의 연방 정부 아래에 연합해 있는 듯한 느낌을 준다. 이는 각 주의 자유와 독립성을 침해받지 않는 것을 전제로 하나의 연합된 국가를 탄생시켰기 때문에 나타난 모습이다.

오늘날 주 정부와 연방 정부의 권한은 겹치는 부분들이 있기는 하지만, 주 경계 내에 있는 일상생활과 관련한 사안들은 대부분 주 정부가 관할한다. 주 정부는 교통 법규, 결혼 요건 제정, 운전면허 발급 등의 배타적 권한을 갖는다. 주 정부는 연방 정부와 마찬가지로 주 자체의 입법부, 사법부, 행정부가 있다. 또한 그 기능과 역할은 연방 정부와 비슷하다. 주 행정부의 수장인 주지사는 선거로 선출되고, 임기는 대부분 4년이다. 주 입법부는 일반적으로 미국 연방의회와 같이 상·하원 양원제다.

각 주들은 주 헌법을 가지고 있다. 하지만 주 헌법은 미국 헌법과 대립될 수 없으며, 미국 헌법이 미국 최고의 법이다. 실제로 미국 헌법 제1조 제10절(주에 금지된 권한)은 주 헌법을 제한한다. 앞서 언급했듯이 군대 창설은 연방 정부의 배타적인 권한이다. 그렇기에 각 주는 군대를 창설할 수 없지만, 미합중국 군대(United States Armed Forces)의 예비군 형태인 주 방위군(National Guard)을 보유하고 있다. 주 방위군은 뉴올리언스를 초토화한 허리케인 '카트리나'와 같은 재난이나, 미주리 주 퍼거슨 시 소요 사태와 같은 비상사태 선포 시 주로 투입된다.

인디애나 주 의사당(Indiana State Capitol)

　저는 미국 아이오와 대학 약학대학과 에모리 대학 보건 대학원을 졸업한 후, 테네시 주 정부 보건부(Department of Health) 소속 의료 관련 감염과(Healthcare-Associated Infections and Antimicrobial Resistance Program)에서 근무했습니다. 의료 관련 감염과는 테네시 주 내의 병원들이 감염 관리를 향상시킬 수 있도록 교육하고, 미국 연방 정부 질병 통제 예방 센터인 CDC(Centers for Disease Control and Prevention)가 주도하는 병원 감염 감시 체제에 효과적으로 참여할 수 있도록 지원하는 부서입니다. 또한 주 정부 자체적으로 감염 실태를 지속적으로 파악하여 주 내의 특정 병원이나 지역 내에서 의료 관련 감염병이 발발할 경우, 그 원인을 조사하여 확산을 예방하는 일을 합니다.

　주 정부 보건부 의료 관련 감염과에서 근무했을 당시, 제 업무는 주 내에 있는 병원들이 감염 관리를 향상시킬 수 있도록 통계 및 홍보 자료를 개발하고 교육하는 일이었습니다. 또한 테네시 주 내의 병원들이 항생제를 적절히 사용할 수 있도록 교육하고 지원하는 일을 했습니다. 이외에도 연방 정부 차원의 항생제 적정 사용 감시 체제를 개발하기 위한 임상 연구 활동에도 참여했습니다. 이는 CDC가 테네시 주를 포함한 10개 주와 함께 진행한 프로젝트였습니다.

　테네시 주 정부 보건부에서 일하기 전에는 CDC에서 인턴으로 근무했었습니다. 그 때와 비교해 주 정부 보건부에서 근무하면서 가장 큰 보람을 느꼈던 경우는 의료 관련 감염 예방을 위해 노력하는 주 내 병원들의 의료진들과 직접 소통하고 협력했던 것이었습니다. 또한 국가 전체의 감염 예방을 이끄는 CDC와 비전을 공유하며 함께 일할 수 있었던 것이 큰 보람으로 남습니다.

민지영 | 테네시 주 정부 보건부에서 근무했음

대통령의 권한

　미국 행정부의 수장인 대통령 또한 미국 정치를 논하는 데 있어 결코 빠질 수 없다. 미국 대통령의 직위는 1788년 미국 헌법이 비준된 이후 생겼으며, 몇번의 수정 헌법을 통해 그 권한과 임기 등이 확정되었다. 현재 미국 대통령의 임기는 헌법에 의거해 4년으로 정해져 있으며, 3선 이상 재임을 할 수 없도록 되어 있다. 이런 가운데 미국 역사상 처음이자 마지막으로 4선을 한 대통령이 있었으니, 바로 프랭클린 루스벨트 대통령이다. 프랭클린 루스벨트는 대공황과 제2차 세계대전 동안 그의 리더십을 인정받았다. 그래서 1932년부터 대선에서 네 차례나 당선됐다. 그의 사후 1951년 제정된 수정 헌법 제22조는 대통령직의 3선 금지를 명문화하며, 일종의 불문율과 같았던 미국 대통령 '1회 중임'의 원칙을 못 박았다.

미국 대통령의 헌법상 권한은 공직 임명권, 사면권, 조약 체결권 등을 포함한다. 이는 상원이나 의회의 동의를 전제로 하고 있다. 입법 과정에서 대통령은 법안의 제출권이나 의회 해산권을 가지지 않고 있지만, 미국 헌법에 규정된 법률안 거부권을 통해 대통령은 입법 과정에 영향력을 행사할 수 있다. 미국 헌정사를 보면 야당이 의회의 다수당인 경우, 대통령은 자신이 감행한 정책을 고수하기 위해 거부권을 행사했던 사례가 많았다. 미국 제22대 겸 제24대 대통령인(임기를 건너 뛰어 재임한 유일한 대통령) 그로버 클리블랜드Grover Cleveland 대통령은 '거부권 대통령(The Veto President)'으로 불렸다. 재임 기간 동안 거부권을 584차례 행사했기 때문이다. 근래에는 대통령이 직접 거부권을 행사하는 경우는 드물어졌지만, 다수당이 국정을 장악하는 것을 막고 타협과 절충을 유도하기 위해 대통령의 '거부권 행사 가능성' 언급은 늘고 있는 추세다. 대통령 유고 시 대통령직의 남은 임기는 부통령이 승계한다.

인물 탐구: 미국 역사상 가장 어린 영부인, 프랜시스 폴섬[19]

프랜시스 폴섬Frances Folsom은 21살의 나이로 그로버 클리블랜드 대통령과 백악관에서 결혼식을 올렸던 여성이다. 결혼 당시 클리블랜드의 나이는 48살이었다. 클리블랜드는 옛 변호사 시절 파트너였던 폴섬의 아버지가 1875년 사고로 세상을 떠나자 당시 11살이던 폴섬과 그녀의 가족을 돌봤다. 폴섬은 아버지의 친구였던 클리블랜드를 잘 따랐으며, 대학을 졸업하던 1885년 8월 클리블랜드가 청혼하자 27살이나 많은 그의 청혼을 받아들였다. 이듬해인 1886년 6월 2일 백악관에서 클리블랜드와 결혼하면서 폴섬은 미국 역사상 가장 어린 영부인이 되었다. 빼어난 미모와 성품으로 미국인들의 사랑을 받았던 폴섬은 클리블랜드가 1908년 뉴저지 주 프린스턴에서 사망하고 5년 뒤인 1913년 프린스턴 대학 교수와 재혼했다. 이후 1947년 83세의 나이로 세상을 떠난 폴섬은 그녀의 첫 남편이었던 클리블랜드 대통령 묘 옆에 안장되었다.

미국 대통령은 어떻게 선출되나

그렇다면 미국에서 가장 막강한 권한을 가진 대통령은 어떻게 선출될까? 미국 대통령은 국민들이 직접 선출하는 방식이 아닌 유권자가 선출한 선거인단에 의해 간접적으로 선출된다. 선거인단은 상·하원 의원 수에 워싱턴 D.C.의 대표 3명을 포함한 538명으로 구성된다. 선거인단 수는 각 주의 인구 비례에 의해 나눠지는데, 현재 가장 많은 선거인단을 보유한 주는 캘리포니아 주다. 각 정당이 자기 당의 선거인단 명단을 유권자에게 제출하면, 유권자들은 1845년 세워진 조항에 따라 11월의 첫 번째 월요일이 속한 주의 화요일에 투표를 한다. 투표 결과 해당 주에서 다수 득표한 정당이 그 주에 배당된 선거인단을 모두 차지하게 된다. 바로 '승자 독식

(Winner Takes All)' 방식이다. 총 선거인단에 대한 투표 결과가 사실상 대통령 선거 결과라 할 수 있기 때문에, 선거인단의 과반수인 270표를 확보하면 대통령 당선이 확정된다. 12월의 두 번째 수요일 이후 첫 월요일에 대통령 선거인단이 자신이 소속한 당의 대통령 후보자에게 투표하는 대통령 선거가 실시되기는 하지만, 이는 형식적인 절차로 여겨진다.

　미국에서 대통령은 선거인단 '승자 독식'에 의해 선출되기 때문에, 전국 득표수에서는 앞서고도 대통령이 되지 못한 경우가 지금까지 네 차례 있었다. 가까운 예로 2000년 대선에서 앨 고어Al Gore 민주당 후보는 조지 W. 부시George W. Bush 공화당 후보보다 전국 득표에서는 수십만 표를 더 얻었지만 선거인단 수에서 뒤져 낙선했다.

2. 협상과 타협이 존재하는 의원제

상·하원 양원제

미국 연방의회는 우리나라 국회와 달리 상·하원 양원제(Bicameral system)다. 상원(U.S. Senator)은 인구의 수와는 상관없이 각 주에서 두 명씩 선출되어 모두 100명이며 임기는 6년이다. 2년마다 상원 의원의 3분의 1이 투표로 교체된다. 상원 의원 후보자 자격요건은 만 30세 이상이어야 하고, 미국 시민으로 살아온 시간이 최소 9년 이상이어야 한다. 상원 의장(President of the Senate)은 미국 부통령이 맡으며, 부통령은 찬반 동수일 경우에만 투표를 한다.

하원(The House of Representatives)은 각 주의 선거구 인구에 비례해 투표로 선출하며, 모두 435명으로 임기는 2년이다. 하원 의원 후보자 자격요건은 만 25세 이상이어야 하고, 미국 시민으로 살아온 시간이 최소 7년 이상이어야 한다. 하원 의장(Speaker of the House)은 하원 의원들의 표결로 선출된다. 하원 의장은 미국 대통령 유고 시 부통령 다음으로 대통령직을 이어받는다. 미국은 1929년 제정된 법률(The Permanent Apportionment Act of 1929)에 의해 하원 의석의 수를 435명으로 확정했다. 1929년 이후 미국의 인구는 꾸준히 증가했지만, 의석의 수는 늘리지 않고 있다.

상·하원 모두 미국 헌법에 의해 연방 정부 운영에 필요한 모든 법을 제정할 수 있다. 그러나 국가 간의 조약과 비준은 상원만이 할 수 있고, 국가의 예산과 세금, 대통령이나 연방 정부 고위직에 대한 탄핵은 하원만이 발의할 수 있다. 상원과 하원에서 발의한 법안은 상·하원 양원을 모두 통과해야 법으로 확정된다. 이렇듯 각 주를 대표하는 상원과 지역 주민들의 목소리를 대변하는 하원이 상호 견제를 함으로써, 권력의 견제와 균형을 꾀한다. 또한 상원과 하원은 상하 관계는 아니지만 상원의 임기가 하원보다 세 배 길고, 후보자 자격요건 또한 상원이 하원보다 엄격하다. 그렇기 때문에, 상원의 위엄이 하원의 것보다 높게 느껴지는 것은 사실이다.

우리나라 국회와 같은 단원제와 비교해 볼 때 미국의 양원제는 신중한 의사결정, 상원의 조정자 역할, 다수의 횡포 방지 같은 이점이 있는 것으로 여겨진다.

 추천 명소: 대의 민주주의의 상징 미국 연방 의사당[20]

1793년 9월 18일 조지 워싱턴 대통령이 초석을 놓은 미국 연방 의사당(United States Capitol)은 우리나라의 국회의사당과 같이 의원들이 법안을 상정하고 표결하는 곳이다. 즉 미국 연방 정부의 입법부인 연방의회가 이곳에서 연방법을 제정한다. 미국 연방 의사당 남쪽 윙(wing)에 있는 하원 의사당에서는 하원들이 의회 활동을 하고, 북쪽 윙에 있는 상원 의사당에서는 상원들이 의회 활동을 한다. 미국 연방 의사당에는 미국 역사에서 중요한 미술품과 조각상들이 소장되어 있으며, 미국 연방 의사당 건물 자체가 위대한 건축 업적으로 평가받고 있다.

역사적으로는 1800년 11월 미국 연방 의사당의 북쪽 윙이 제일 먼저 완공되어 의회가 처음으로 소집되었다. 남쪽 윙은 1807년 완공되었으나, 1814년 8월 영국군에 의해 의사당 건물 내부가 불에 타버렸다. 이후 1819년 미국 연방 의사당 남쪽 윙과 북쪽 윙이 재건되었고, 1826년 두 윙을 연결하는 중앙 건물이 완공되었다. 1850년대에는 미국 영토가 서부로 크게 확장되면서 의원수도 증가해 미국 연방 의사당 공간이 협소하게 되었다. 때문에 의사당 북쪽과 남쪽 윙의 끝 부분을 확장하는 증축 공사가 시작되었고 1857년에는 하원 건물인 남쪽 윙이, 1859년에는 상원 건물인 북쪽 윙이 차례로 완공되었다. 오늘날 대의 민주주의의 상징이 된 미국 연방 의사당에서는 1801년 이래로 미국 대통령의 취임식이 열리고 있다.

미국 연방 의사당

민주당과 공화당 중심의 양당제

100년 이상 명맥을 이어오는 미국의 양대 정당은 민주당(The Demo-cratic Party)과 공화당(The Republican Party)이다. 양당의 정책과 이념적 차이는 과거에 비해 많이 희미해졌다. 그러나 민주당이 공화당보다는 증세와 복지를 중요하게 여기며 진보적인 이념 성향을 띄는 것은 여전하다. 반면 공화당은 감세와 경제성장에 무게를 두며 보수적인 성향을 보이고 있다. 현재 민주당은 중산층 이하 백인과 유색인종, 블루칼라 노동자를 지지기반으로 두고 있다. 이에 반해 공화당은 중산층 이상 백인과 대기업, 화이트칼라 노동자를 지지 기반으로 두고 있다. 이러한 미국의 양당제는 양당의 벼랑 끝 대치가 정국 혼란을 가중시킬 수 있다는 문제점도 수반하고 있지만, 상·하원 양원제가 이를 완충하는 역할을 하고 있다.

민주당은 제3대 대통령인 토머스 제퍼슨이 1800년 이전 창당한 민주공화당에서 유래했다. 이후 제7대 대통령인 앤드류 잭슨이 1828년 민주공화당으로부터 현재의 민주당을 창당했다. 공화당은 1854년 휘그당원, 자유 토지당원, 민주당원 등 노예제를 반대한 세력들이 연합해 결성됐다. 제16대 대통령인 에이브러햄 링컨은 공화당이 배출한 첫 번째 대통령이었다. 그래서 미국인들은 공화당이 링컨에 의해 창당되었다고도 한다. 남북전쟁을 치르던 1864년 링컨이 재선에 도전하면서 공화당 이름을 국가 연방당으로 잠시 바꾸기도 했지만, 링컨이 죽은 후 다시 공화당으로 복원되었다. 민주당은 당나귀를, 공화당은 코끼리를 상징으로 채택하고 있다.

인물 탐구: 잭슨 민주주의의 상징 앤드류 잭슨

미국 20달러짜리 지폐 앞면에는 긴 얼굴을 한 노인의 초상화가 있다. 초상화의 주인공은 미국인들에게 가장 인기 있는 대통령 중의 한 사람인 앤드류 잭슨이다. 잭슨은 동부 명문가 출신의 전임 대통령들과 달리 스코틀랜드–아일랜드계 이민자의 아들로 태어났다. 시간이 흘러 그는 내쉬빌에 정착했고, 그 후 테네시 주 하원 의원과 상원 의원, 테네시 주 대법원 판사를 지냈다. 1812년 미국과 영국 간에 '영미 전쟁(The War of 1812)'이 발발하자 잭슨은 민병대를 이끌고 참전해 영국군과 동맹을 맺은 크리크(Creek) 인디언들을 섬멸했다.

1815년 1월 8일 뉴올리언스 전투(Battle of New Orleans)에서는 수적으로 우세했던 영국군을 격멸하면서 전쟁 영웅으로 떠올랐다. 이후 대중의 지지를 업고 1829년 제7대 대통령으로 취임한 잭슨은, 일반 시민들이 정치에 참여할 수 있는 기회를 확대시키며 '잭슨 민주주의(Jacksonian Democracy)'를 정립해 나갔다. 그러나 그는 영미 전쟁과 세미놀 인디언과의 전쟁(Seminole War)에서 인디언을 대량 학살하며 미국 역사에 씻을 수 없는 오점을 남겼다. 특히 서부로 영토를 확장하는 개척 과정에서 원주민인 인디언들을 '인디언 보호구역'으로 강제 이주시킴으로써 잔혹한 면모를 여실히 드러냈다. 이렇듯 잭슨은 고집 센 정치인이었지만, 오늘날 미국인들은 그를 가장 서민적인 대통령으로 기억한다.

잭슨 광장

루이지애나 주 뉴올리언스 프렌치 쿼터(French Quarter)에 있는 잭슨 광장(Jackson Square). 원래 광장 이름은 18세기에 '플레이스 다메스(Place d'Armes)'였으나, 뉴올리언스 전투에서 앤드류 잭슨이 대승을 거둔 후인 1815년에 잭슨 광장으로 다시 이름 지어졌다.

허미티지

테네시 주 데이비슨 카운티(Davidson County)에 있는 허미티지(The Hermitage)는 앤드류 잭슨의 저택이 있는 농장(Plantation)이다. 잭슨은 1837년 대통령 퇴임 후 허미티지로 돌아와 살다가 1845년 6월 8일, 이곳에서 78세를 일기로 세상을 떠났다.

3. 일상으로 들어온 지방자치제

미국의 지방 정부, 카운티

　연방주의 국가인 미국은 세계에서 지방자치제가 가장 발달한 나라다. 미국은 초기 식민지 시대부터 타운 미팅(Town Meeting)을 통해 지역 주민들이 정책 결정에 참여함으로써 지방자치의 초석을 이루었다. 주(State) 다음으로 작은 행정구역인 카운티(County, 군)는 지방자치의 핵심이다. 일반적으로 카운티는 시(City) 보다는 상위의 행정구역이지만, 모든 카운티가 그런 것은 아니다. 대개 카운티는 두세 개의 타운(Town)으로 구성되며, 주 정부는 카운티 정부(County Government)의 권한을 결정한다. 카운티 정부는 주 정부로부터 자치권을 양도받아 카운티의 독자적인 행정 구조와 재정 조직을 결정할 수 있다. 일반적으로 연방 정부와 주 정부, 카운티 정부는 상호 협력을 하고 있다. 하지만 업무는 각각 독립적으로 수행한다. 현재 미국에는 3,000개가 넘는 카운티가 있으며, 50개 주 가운데 48개 주가 카운티 정부 체계를 운영하고 있다.

　카운티의 인구 편차는 매우 큰 편이다. 가장 인구가 작은 카운티는 주민이 100명 미만인 텍사스 주의 '러빙 카운티(Loving County)'이고, 가장 주민이 많은 카운티는 900만 명 이상이 사는 '로스앤젤레스 카운티(Los Angeles

County)'이다. 미국 카운티들 중 70퍼센트 정도는 주민이 5만 명 이하다.

 상식 백과: 카운티 페어

　미국 대부분의 카운티에서 1년에 한 번씩 카운티 페어(County Fair)를 개최한다. 카운티 페어의 주요 프로그램은 각종 농축산물 품평회다. 하지만 이것 외에도 다양한 볼거리, 먹거리, 놀거리를 제공하기 때문에 가족 단위로 즐기기 좋은 행사다. 미국은 국토가 워낙 넓어서 아이들이 관람차나 롤러코스터와 같은 놀이기구를 탈 수 있는 테마파크에 가기가 만만치 않다. 차로 두세 시간 이상 가야 하는 경우도 많다. 이 때문에 동네에서 열리는 카운티 페어는 남녀노소 모두 저렴한 비용으로 즐길 수 있는 축제의 장이 된다. 특히 카운티 페어에서 품평회를 하는 장소에 가면 직접 소나 염소, 토끼, 양, 돼지, 당나귀와 같은 가축들을 만져볼 수 있다. 돼지나 오리 경주를 볼 수도 있고, 다양한 음악 연주회와 전시회를 구경할 수 있다.

카운티 페어의 댄스 경연대회

카운티 페어에 출품된 닭을 만지는 아이들

카운티 중심의 행정 서비스

미국에서 카운티가 중요한 이유는 무엇일까? 미국은 영토가 광활해서 연방 정부나 주 정부가 시민들의 일상생활과 관련된 서비스를 일일이 담당할 수 없다. 예를 들어 수도관이 파열돼 물난리가 난 경우 연방 정부에 신고해서 해결할 수는 없는 노릇이다. 때문에 지방행정의 중심인 카운티가 다양한 행정 서비스의 중추적인 역할을 맡을 수밖에 없다.

카운티에서 근무하는 공무원은 총 4만 명가량이며, 카운티에서 고용한 근로자는 300만 명이 넘는다. 카운티는 경제 활동의 기반을 형성하는 전기, 가스, 상하수도, 폐기물 처리 시설, 도로, 주차장, 다리, 버스, 지하철,

학교, 도서관, 병원, 소방, 공원과 같은 기반 시설과 대중교통을 담당한다. 또한 병원과 의료 시설, 요양원 등을 운영하고 환경 위생, 전염병 관리 등을 통한 의료 행정 서비스를 제공한다. 그리고 카운티 법원, 검찰, 보안관, 경찰, 교도소와 같은 형사 사법 시스템을 통해 법을 집행하고 치안을 유지한다. 일부 주에서는 카운티 정부가 주 정부와 함께 학교 행정을 관리한다. 이외에도 카운티는 출생증명서와 결혼증명서와 같은 각종 증명서 발급부터 행정 문서 기록, 과세평가, 911콜센터 운영, 선거관리, 주택문제에 이르기까지 일상생활에 직접적인 영향을 미치는 다양한 행정 서비스를 제공한다. 그러나 재정이 열악한 카운티에서는 공공서비스를 민간 업체에 맡겨 운영하는 경우도 있다.

미국 카운티 협의회(NACo: The National Association of Counties) 자료에 의하면, 카운티는 현재 23만 개의 다리와 미국 도로의 45퍼센트를 건설 및 유지하고 있다. 아울러 공항과 대중교통 시스템의 약 3분의 1에 관여한다. 또한 사회 기반 시설을 건설하고 유지하며 공공사업을 운영하는 데 연간 1000억 달러 이상을 투자하고 있다.

테스티모니얼: 플로리다 주 카운티 지방자치 사례

플로리다 주에는 67개 카운티 정부가 있고, 이 67개 카운티 정부의 경계 안에 410개의 시 정부(Incorporated Municipalities)가 있습니다. 또한 플로리다 주 주민들 가운데 시 정부의 경계 안에 거주하지 않는 주민들의 수는 시 정부 안에 거주하는 인구 수와 비슷합니다. 시 정부의 경계를 벗어나 거주하는 주민들은 시 정부에서 제공하는 공공서비스(전기, 가스, 상하수도 등)를 사용할 수 없기 때문에 카운티 정부가 민간 위탁을 통해서 주민들에게 공공서비스를 제공합니다. 이와 같이 플로리다 주에서 카운티 정부는 시 정부에서 제공하는 공공서비스 기능을 비롯한 포괄적인 행정 영역을 담당하고 있습니다.

플로리다 주의 경우 카운티 정부의 권한이 크다는 것은 세금을 부과하는 구조를 통해서도 쉽게 알 수 있습니다. 카운티 정부는 주민들의 일상생활과 긴밀하게 연관된 세금이자 주 정부가 정한 판매세(Sales Tax)에도 일정 비율의 세금을 부가할 수 있습니다. 즉 플로리다 주의 67개 카운티 정부가 주 정부에서 일률적으로 정한 6퍼센트의 판매세에 최고 1.5퍼센트까지 세금을 부가할 수 있는 권한이 있습니다. 이렇게 카운티 정부가 추가로 부가하는 세금을 지방 자율 판매 부가세(Local Discretionary Sales Surtaxes)라고 합니다. 지방 자율 판매 부가세는 특별 목적세로 사회 간접 시설이나 학교에 대한 재정 지원에 사용됩니다. 예컨대 플로리다 주의 주도(州都)인 탤러해시(Tallahassee) 지역의 레온 카운티(Leon County)는 1.5퍼센트의 지방 자율 판매 부가세를 부과해 총 7.5퍼센트의 판매세를 부가합니다. 이에 반해 올랜도(Orlando) 지역의 오렌지 카운티(Orange County)는 0.5퍼센트의 지방 자율 판매 부가세를 부과해 총 6.5퍼센트의 판매세를 상품 가격에 더해 징수하고 있습니다.

카운티 정부는 유류세(Fuel Taxes)에 대해서도 일정 비율의 세금을 부가할 권한이 있습니다. 미국에서 유류세는 일반적으로 연방 특별 소비세(Federal Excise Tax)와 주 정부 특별 소비세(State Excise Tax), 그리고 카운티 정부가 부과하는 지방 자율 유류세(Local Option Fuel Tax) 등으로 구성됩니다. 미국에서 자동차 여행을 하다 보면 주마다 그리고 도시마다 휘발유 가격이 차이가 나는 것을 볼 수 있습니다. 그 이유가 바로 연방 정부에서 부과하는 세율은 일정하지만, 각 주마다 그리고 카운티 정부마다 휘발유 가격에 부과하는 세율이 다르기 때문입니다. 그래서 플로리다 주와 조지아 주의 경계 지역에 거주하는 플로리다 주 주민들은 휘발유 가격이 크게 오르면 상대적으로 유류세가 낮아 휘발유 가격이 싼 조지아 주에 가서 주유를 하기도 합니다.

요컨대 카운티 정부는 미국 연방 정부의 중앙행정 및 주 정부를 중심으로 한 지방행정과 관련하여, 특히 주민 생활과 밀접한 여러 부분과 관련하여 주 정부를 대신해 행정 서비스에 대한 많은 재량권을 가지고 있습니다.

유학생 | 플로리다 주립 대학(Florida State University)

4. 세계 속의 미국, 미국 속의 세계

미국의 수도, 워싱턴 D.C.

미국의 수도이자 세계 정치 외교의 중심지인 워싱턴 D.C.의 정식 명칭은 '워싱턴 컬럼비아 특별구(Washington, District of Columbia)'다. 즉 워싱턴 D.C.는 어느 주에도 속하지 않는 특별구다.

미국 의회는 1790년 7월 16일 포토맥 강변에 항구적인 수도를 건설하는 주거 법안(Residency Act)을 통과시켰다. 이 법안으로 부지 선정 권한을 위임받은 초대 대통령 조지 워싱턴은 메릴랜드 주와 버지니아 주의 경계에 있는 오늘날 워싱턴 D.C. 지역을 미국의 새 수도로 결정했다. 워싱턴 D.C. 이전의 수도는 뉴욕과 필라델피아였다. 뉴욕은 미국 독립 당시 헌법 비준과 함께 1790년까지 미국의 공식적인 첫 번째 수도였다. 1791년부터 백악관과 미국 연방 의사당을 중심으로 워싱턴 D.C.에 새로운 수도가 건설되는 동안, 미국의 수도는 뉴욕에서 필라델피아로 10년에 걸쳐 이전했다. 워싱턴 D.C.에 새로운 수도를 건설한 일은 북부와 남부의 통합을 위한 결단으로 평가받는다. 왜냐하면 미국의 첫 번째 수도였던 뉴욕은 북부에 있어서 남부 주들의 불만이 많았기 때문이다.

새로운 수도는 조지 워싱턴 대통령의 이름을 따서 워싱턴 D.C.라고 명명하였다. 그러나 정작 조지 워싱턴은 이전된 수도에서 집무해 보지 못했다. 워싱턴 D.C.는 1800년 6월 11일 미합중국의 항구적인 수도가 되었으며, 현재 미국 연방 의사당을 비롯한 연방 정부 기관들이 워싱턴 D.C.에 위치해 있다. 초기의 워싱턴 D.C.는 황폐한 모습이었지만, 철저한 계획하에 점차 정돈된 도시로 변모해 나갔다. 지금은 세계 정치의 중심지로서 많은 이들이 한 번쯤 가보고 싶어 하는 도시가 되었다. 특히 워싱턴 D.C.의 워싱턴 기념탑, 링컨 기념관, 토머스 제퍼슨 기념관 등의 건축물을 보면 미국인들의 대통령에 대한 자부심과 존경심을 느낄 수 있다.

 추천 명소: 초대 대통령을 기리는 워싱턴 기념탑[21]

워싱턴 D.C.의 상징물인 '워싱턴 기념탑(Washington Monument)'은 미국 초대 대통령인 조지 워싱턴의 업적을 기리기 위해 세운 오벨리스크 형상의 석조탑이다. 워싱턴 기념탑은 높이가 555피트(169미터)로, 1884년 완공 당시 세계에서 가장 높은 건축물이었다. 워싱턴 기념탑은 조지 워싱턴의 생일 전날인 1885년 2월 21일 헌정되었다.

1899년 워싱턴 D.C.에서 이 탑보다 높은 건물을 짓는 것을 금지했기 때문에, 현재 워싱턴 D.C.에서 이 탑보다 높은 건물은 없다. 2011년 8월 발생한 규모 5.8의 지진으로 폐쇄되었다가, 2014년 5월 12일 보수공사를 마치고 재개관했다. 정상 전망대까지는 엘리베이터를 타고 올라갈 수 있다. 전망대에 올라가면 미국 연방 의사당, 백악관, 링컨 기념관 등을 내려다볼 수 있다.

워싱턴 기념탑

워싱턴 기념탑 전망대에서 북쪽을 바라보면 보이는 백악관

 추천 명소: 역사의 숨결이 살아 숨쉬는 링컨 기념관[22)]

링컨 기념관(Lincoln Memorial)은 미국 제16대 대통령인 에이브러햄 링컨의 자유와 평화 정신을 기리기 위해 건립된 기념관이다. 기념관 내부에는 높이 5.8미터의 링컨 좌상이 있으며, 기념관 남쪽 벽(좌상 왼쪽 벽)에는 '게티즈버그 연설문(Gettysburg Address)'이, 북쪽 벽(좌상 오른쪽 벽)에는 링컨의 집권 2기 취임사가 새겨져 있다. 링컨 기념관의 36개 도리아식 기둥은 링컨 재임 시 미국 연방 주 36곳을 상징한다. 링컨 기념관은 워싱턴 D.C. 내셔널 몰의 서쪽에 위치해 있다. 1963년 마틴 루서 킹 목사가 바로 이곳에서 '나에게는 꿈이 있습니다(I have a dream)'라는 명연설을 남겼다.

링컨 기념관

상식 백과: 미국 대통령의 집 백악관[23]

　미국 정부를 상징하는 백악관(The White House)은 미국 대통령이 집무하는 곳이자, 그 가족들이 거주하는 관저다. 미국 초대 대통령인 조지 워싱턴을 제외한 역대 모든 대통령들이 백악관에서 집무했다. 백악관은 현재 워싱턴 D.C.에서 가장 오래된 공공건물이다. 'President's House(대통령의 집)', 'Executive Mansion(최고급 저택)'이라고 불렸던 백악관은 1901년 시어도어 루스벨트 대통령에 의해 명칭이 'White House(백악관)'로 공식화되었다.

　백악관에는 132개의 방과, 35개의 욕실, 412개의 문, 147개의 창, 28개의 벽난로, 8개의 계단, 3개의 엘리베이터가 있으며, 농구장, 수영장, 테니스 코트, 볼링장, 영화관 등 편의 시설도 갖춰져 있다. 대통령 가족들의 식사뿐만 아니라 각종 연회 음식을 만드는 백악관의 주방은 140인분의 저녁 식사와 1,000인분 이상의 오르되브르(Hors d'oeuvre, 식사 전 나오는 첫 번째 전채 요리)를 만들 수 있다. 백악관 외벽 전체를 페인트칠하려면 570갤런(약 2,160리터)의 페인트가 필요하다고 한다. AP통신 보도(2014년 11월 26일 자)에 의하면, 백악관에서 열리는 공식 연회를 제외하고 대통령 가족들의 밥값과 사적인 파티에 쓰인 식음료비, 생필품비는 모두 대통령이 낸다고 한다.

백악관

세계의 수도, 뉴욕

　오늘날 세계 경제를 좌지우지하는 뉴욕(New York)은 전통적으로 금융 산업이 발달한 미국 최대 도시다. 뉴욕 맨해튼의 금융사 밀집 지역인 월 스트리트에는 약 16만 명이 금융업에 종사하고 있다. 출근길 바쁜 걸음을 재촉하는 이들의 모습과 샌드위치로 점심을 때우는 직장인들의 모습이 낯설지 않은 곳이 월 스트리트다. 이들의 평균 임금은 미국에서 가장 높다. 또 월 스트리트에 위치한 뉴욕증권거래소에는 세계 주요 기업들의 주식이 상장되어 있다.

　앞서 말했듯이 1929년 전 세계를 불황 속으로 빠뜨렸던 미국 대공황은 뉴욕의 주식시장이 무너지면서 시작되었다. 역사적으로 뉴욕을 중심으로 한 미국 경제가 호황일 때는 유럽과 아시아를 비롯한 전 세계 자본주의 국가들의 경제도 호황이었다. 그리고 2008년 금융 위기 때처럼 월 스트리트의 글로벌 투자은행 리먼 브라더스가 파산하고 대형 금융사들이 줄줄이 무너지는 사태가 발생하자, 우리나라를 포함한 세계 경제도 휘청거리며 위축되었다.

　세계 경제를 선도하는 뉴욕은 외교의 중심지이기도 하다. 제2차 세계대전 이후 국제 평화와 안전 유지를 위해 창설된 유엔(United Nations, 국제연합) 본부가 뉴욕에 있다. 1945년 10월 24일 유엔 본부가 뉴욕에 설립된 이후 현재 뉴욕에는 110여 개국의 외교 공관들이 있으며, 세계 각국에서 파견 나온 외교관들이 치열한 외교전을 펼치고 있다.

　뉴욕은 또한 문화와 예술의 도시이다. 과거에 싼 임대료의 후미진 건물

뉴욕증권거래소

뉴욕증권거래소(NYSE)는 세계 최대 규모의 증권거래소이며, 나스닥(NASDAQ)과 함께 뉴욕의 양대 주식시장을 형성하고 있다.

월 스트리트(Wall Street) 40번가의 트럼프 빌딩(The Trump Building)

돌진하는 황소(Charging Bull)
월 스트리트의 상징물이자 주식 상승장을 뜻하는 이 황소 동상은 뉴욕 맨해튼 볼링그린(Bowling Green)에
서 있다.

에 모여들기 시작했던 가난한 젊은 예술가들은 어느새 뉴욕을 어쩐지 이질

적이면서 매력적인 도시로 변모시켰다. 뉴욕의 타임스퀘어 한복판에서는

물론 유니언스퀘어, 길거리, 지하철역 어디서나 클래식과 재즈를 연주하

는 거리의 음악가들과 현란한 춤을 추는 비보이들을 만날 수 있다. 특히 뉴

욕 맨해튼에 위치한 링컨 센터(Lincoln Center for the Performing Arts)는 음

악, 무용, 오페라, 연극 등 다양한 장르의 공연을 한 곳에서 볼 수 있는 종

합예술공간으로 자리 잡았다. 매년 수백 회의 공연이 열리는 링컨 센터에

는 뉴욕 필하모닉(New York Philharmonic), 줄리아드 음악 학교(The Juilliard

School), 메트로폴리탄 오페라단(Metropolitan Opera) 등의 예술 단체가 상

주해 있다.

뉴욕의 초고층 빌딩들

뉴욕 타임스 스퀘어 거리

또한 뉴욕의 랜드마크인 엠파이어 스테이트 빌딩을 비롯한 초고층 빌딩
들과 센트럴 파크 등 뉴욕 거리의 풍경은 할리우드 영화의 배경으로도 빈
번히 등장하며 세계인들의 이목을 집중시키고 있다.

추천 명소: 최초의 미국 연방 의사당인 페더럴 홀 국립 기념관[24]

뉴욕증권거래소 맞은편에 위치한 '페더럴 홀 국립 기념관(Federal Hall National
Memorial)'은 본래 미연방 최초의 의사당인 '페더럴 홀'이었다. 페더럴 홀은 1700년 뉴
욕 시청으로 건설되었다가 뉴욕이 미국의 공식 수도로 지정되면서 의사당으로 변경되
었다. 페더럴 홀에서는 1789년 4월 30일 미국 초대 대통령인 조지 워싱턴의 취임식
이 열렸다. 1812년 페더럴 홀 건물이 무너진 후, 현재 건물인 페더럴 홀 국립 기념관이
1842년 5월 26일 미연방 세관(Customs House)으로 건설되었으며, 지금은 박물관으로
사용되고 있다.

페더럴 홀 국립 기념관

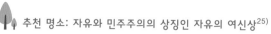

추천 명소: 자유와 민주주의의 상징인 자유의 여신상[25]

　미국의 상징이자 자유와 민주주의의 상징인 자유의 여신상(The Statue of Liberty)의 공식 명칭은 '세상을 밝히는 자유(Liberty Enlightening the World)'다. 미국 뉴욕 리버티 섬에 있는 자유의 여신상은 미국 독립 100주년을 기념해 프랑스에서 선물한 것이다. 자유의 여신상은 프랑스 조각가 프레데리크-오귀스트 바르톨디Frédéric-Auguste Bartholdi가 만들었으며, 1886년 10월 28일 제막되었다. 오른손에 들고 있는 횃불은 자유의 빛을 상징하고, 왼손에 들고 있는 책자는 독립선언서를 상징한다. 자유의 여신상은 1984년 유네스코 세계문화유산으로 지정되었다.

자유의 여신상

자유의 여신상 왼손의 '1776년 7월 4일'이라는 날짜가 적힌 독립선언서

 추천 명소: 다자외교의 중심 유엔 본부[26]

유엔 본부(United Nations Headquarters)는 뉴욕 맨해튼 동쪽 이스트 강변에 위치해 있다. 유엔 본부 건물은 뉴욕에 있지만 치외법권 지역이다. 유엔의 최고 의결 기관인 총회가 이곳에서 매년 열린다. 유엔 총회에서의 공용어는 영어, 프랑스어, 중국어, 러시아어, 스페인어, 아랍어다. 유엔 본부 사무국 빌딩 38층에는 반기문 유엔 사무총장의 집무실이 있다.

유엔 본부 가이드 투어를 신청하면, 안전보장이사회(Security Council), 경제사회이사회(Economic and Social Council), 신탁통치이사회(Trusteeship Council) 회의장 등을 둘러볼 수 있다.

유엔 본부 외관

안전보장이사회 회의장

경제사회이사회 회의장

흔들리는 팍스 아메리카나

미국은 제2차 세계대전 이후 반세기 이상 막강한 경제력을 기반으로 그야말로 세계 중심 국가로서의 지위를 유지해 왔다. 비록 1970년대 베트남전에서의 패배로 패권 국가로서의 위상이 다소 흔들리긴 했지만, 냉전 시대 양강 구도를 이뤘던 구 소련이 해체되면서 미국은 유일한 패권 국가로서의 위치를 고수해 왔다. 특히 1991년 아버지 부시(조지 H.W. 부시) 행정부의 걸프 전쟁부터 9.11 테러 이후 아들 부시(조지 W. 부시) 행정부의 이라크 전쟁과 아프가니스탄 전쟁, 그리고 2014년 버락 오바마 행정부의 이슬람 국가(IS) 지역 공습에 이르기까지, 미국은 단독 또는 다국적군을 구성하여 해외에 군사개입을 해왔다. 미국 주도의 세계 평화 질서를 뜻하는 '팍스 아메리카나(Pax Americana)' 시대를 지켜 온 것이다.

그러나 최근 세계 경찰국가 역할을 자처해 왔던 미국의 위상이 예전 같지 않다. 과거 두 부시 정권들과는 달리 오바마 정권은 해외 군사개입을 적극적으로 하지는 않고 있다. 우크라이나 사태 때는 러시아와의 충돌을 피하는 모습마저 보였다. 이는 세계 경제대국으로 우뚝 선 중국으로 인해 아시아·태평양 지역에서 미국의 경제적·군사적 패권이 흔들리는 현상과도 무관치 않다. 실례로 중국이 주도하는 아시아 인프라 투자은행(AIIB) 참가국이 아시아를 넘어 영국과 프랑스, 독일 등 유럽 국가들과 남미, 아프리카, 오세아니아 국가 등 미국을 제외한 전 세계 국가로 확대되고 있다. 이에 따라 머지않은 미래에 경제대국의 지위가 미국에서 중국으로 바뀔 것이라는 주장이 힘을 얻고 있다. 게다가 미국에 이어 세계 2위의 군사 강대국인 중국의 2015년 국방 예산은 155조로 매년 미국과의 국방비 격차가 줄어들고 있다. 한발 더 나아가 자국 실리 추구 정책에 따라 세계 경찰국가의 역할을 자임해 왔던 미국은 최근 중동에서의 유혈 사태와 쿠데타에 대해 소극적인 태도를 취하고 있다. 그동안 막강한 경제력을 바탕으로 군사력을 강화해 국제 분쟁에 관여해 왔던 미국이지만, 수조 원을 쏟아 부어야 하는 군사개입을 망설이는 것이다. 실제로 2008년 미국발 금융 위기로 인한 경제 위기로 미국은 국방비를 대폭 삭감한 바 있다.

앞으로 미국 중심의 '팍스 아메리카나' 시대가 저물고 '팍스 시니카(Pax Sinica)', 즉 중국 중심의 세계 질서 시대가 본격적으로 오는 것은 아닌지 지켜볼 일이다.

테스티모니얼: 미국이 세계 경찰국가가 되어야 하는가?
Should the U.S. be the police of the world?

프랭클린 루스벨트 대통령은 '큰 권력에는 커다란 책임이 따른다'라고 말했다. 미국이 세계 경찰국가의 역할을 해야 할 책임은 없지만, 많은 국가들은 세계에서 가장 강력한 힘을 갖고 있는 국가 중 하나인 미국이 국제 분쟁을 중재해 주기를 기대하고 있다. 미국은 국제 분쟁에 대응할 수 있는 능력과 자원을 갖추고 있기 때문에, 상대적으로 여력이 부족한 국가들이 미국에 도움을 요청한다. 게다가 미국은 뉴욕에 유엔 본부를 두고 있는 유엔 안전보장이사회 회원국으로서, 국제 사회가 위기에 빠졌을 때 세계 여러 나라들이 찾는 국가다. 결론적으로 미국은 언제나 동맹국들을 보호할 수 있는 초강대국이다.

President Franklin Delano Roosevelt said that "great power involves great responsibility." Although it is not the job of the U.S. to be the police force to the world, as one of the world's top superpowers a lot of the time countries look to the U.S. to mediate international conflicts. Often the U.S. has the capacity and resources to be involved in these situations and is looked to by less powerful nations to help mediate. Additionally, as a member of the U.N. Security Council and with the U.N. headquarters being located in New York the U.S. is often looked to in international crisis. Ultimately the U.S. is a very powerful nation which will always come to the defense of its allies.

캐롤라인 권터Caroline Guenther | 매사추세츠 주 보스턴 출신

7장

미국의 자연 : 광활한 축복의 땅

천혜의 자연을 가진 미국은 축복받은 나라다. 그러나 아무리 풍부한 자연 자원을 가졌다 할지라도 이를 온전히 보전하려는 시민 의식과 정부의 지속적인 노력이 뒷받침되지 않았더라면, 미국의 자연은 지금처럼 수려한 경관을 자아내지 못했을 것이다. 특히 생태계를 보전하고 복원하기 위한 미국 내무부 국립공원 관리청(NPS)의 고도화된 관리 역량에서 미국의 힘이 느껴진다. 한편 미국은 국립공원(National Park)과 국유림(National Forest)을 역사와 문화가 살아 숨 쉬는 공간으로 승화시켜 미래 세대를 위한 교육의 장으로 활용한다. 자연 속에서 선조들의 이야기를 끄집어내고, 나무한 그루, 돌기둥 하나에 의미를 부여하며 탐방객들의 흥미를 돋우는 콘텐츠를 만들어 낸다. 이러한 자연 생태 학습장을 통해 미국의 아이들은 자연스럽게 그들의 문화를 접하며 역사의식을 함양한다.

1. 드넓은 대륙, 다채로운 자연환경

거대한 지형

북아메리카 대륙에 위치한 미국의 국토 면적은 985만 제곱킬로미터로 한반도의 약 45배다. 미국의 북부는 캐나다, 남부는 멕시코와 멕시코만 (The Gulf of Mexica), 동부는 대서양 연안, 서부는 태평양 연안과 접해 있다.

미국의 대표적인 산맥은 북아메리카 서부를 북서에서 남동으로 잇는 길이 4,500킬로미터의 로키 산맥(Rocky Mountains)과, 북아메리카 동부를 북동에서 남서로 잇는 길이 1,800킬로미터의 애팔래치아 산맥 (Appalachian Mountains)이다. 로키 산맥 동쪽의 대평원(Great Plains)은 몬태나 주, 와이오밍 주, 노스다코타 주, 사우스다코타 주, 네브래스카 주, 콜로라도 주, 캔자스 주, 오클라호마 주, 뉴멕시코 주, 텍사스 주 등에 분포하고 있다.

미국 미네소타 주 북서쪽 아이태스커 호(Lake Itasca)에서 발원하여 중부를 관통해 멕시코만으로 흘러 들어가는 미시시피 강은 길이 3,782킬로미터로 북아메리카에서 세 번째로 긴 강이다. 미시시피 강은 지류인 미주리 강(Missouri River)까지 합치면 총 길이 5,970킬로미터로, 세계에서 네 번째로 길다. 또 동부 앨러게니 산맥(Allegheny Mountains)에서 서부 로키 산

아칸소 주와 테네시 주의 경계를 흐르는 미시시피 강

맥까지 뻗어 있는 미시시피 강 유역은 세계에서 네 번째로 큰 유역으로 미국의 31개 주를 포함한다. 미국의 대표적인 소설가 마크 트웨인Mark Twain의 《톰 소여의 모험The Adventures of Tom Sawyer》과 《허클베리 핀의 모험The Adventures of Huckleberry Finn》의 무대가 된 곳이 바로 미시시피 강이다.

다양한 기후

미국은 영토가 워낙 광활하기 때문에 알래스카의 툰드라 기후부터 하와이의 열대 기후까지 다양한 기후대가 나타난다. 한국인들이 많이 사는

미시간 호

미국 중북부에 있는 호수로, 표면적은 5만 7,800제곱킬로미터, 길이는 494킬로미터, 너비는 190킬로미터, 최대 수심은 282미터다.

캘리포니아 주를 중심으로 한 서해안 지역은 지중해성 기후로 연간 기온의 변화가 크지 않고 따뜻하다. 그러나 네바다 주, 애리조나 주 등 남서부 내륙 사막 지역은 기온의 일교차와 연교차가 매우 크다. 미시간 호(Lake Michigan)를 포함한 오대호(Great Lakes)와 접해 있는 미네소타 주, 위스콘신 주, 일리노이 주, 인디애나 주, 미시간 주 등 중북부 지역은 일교차가 크며, 여름에는 서늘하고 겨울에는 매우 춥다. 플로리다 주가 포함된 남부 지역은 반열대성 기후로 연간 기온이 높고 비가 많이 내린다. 특히 여름에 집중호우와 허리케인으로 엄청난 피해가 발생하기도 한다. 매사추세츠 주, 뉴욕 주, 뉴저지 주 등이 포함된 동해안 지역은 한국처럼 여름에는 덥

티턴 빙하

티턴 빙하(Teton Glacier)는 미국 와이오밍 주 그랜드티턴 국립공원(Grand Teton National Park)의 가장 큰 산악 빙하(길이: 1,100미터, 넓이 340미터)다. 그러나 지구 온난화로 인해 지난 40년 동안 빙하 표면적이 20퍼센트 이상 감소했다.

고 겨울에는 추운 온대성 기후를 보인다.

최근에는 북동부 지역의 폭설로 도시 전체가 마비되는 현상이 종종 발생하고 있다. 특히 지구 온난화로 인해 기온이 상승하면서 로키 산맥 등 고산 지대의 만년설과 빙하가 급속도로 녹아내리고 있다.

2. 대자연의 신비, 서부 캐니언

장엄한 대협곡 그랜드 캐니언

미국 애리조나 주 북부에 위치한 그랜드 캐니언(Grand Canyon)은 자연의 웅장함을 만끽할 수 있는 서부의 대협곡이다. 277마일(446킬로미터)에 걸쳐 콜로라도 강과 그 부근의 고지대를 둘러싼 그랜드 캐니언은, 가장 깊은 곳이 1,600미터이고 폭은 30킬로미터에 달한다. 연간 500만 명 이상의 탐방객들이 찾는 그랜드 캐니언은 1919년 미국 국립공원으로 지정되었고, 1979년에는 유네스코 세계 자연 유산으로 지정되었다.

한편 그랜드 캐니언의 지층과 화석 형성 과정에 대해서는 동일과정설(Uniformitarianism)과 격변설(Catastrophism)이 팽팽히 맞서고 있다. 동일과정설에 따르면 그랜드 캐니언은 18억 년이라는 오랜 세월에 걸쳐 콜로라도 강의 침식 작용과 지각 활동에 의해 형성되었다고 한다. 반면 격변설에 따르면 그랜드 캐니언은 노아의 대홍수 당시 지구 전체를 뒤덮고 있던 엄청난 양의 물이 한꺼번에 빠져나가는 격변적 침식 작용과 지각 변동에 의해 형성됐다는 것이다.

그랜드 캐니언(Grand Canyon)

인물 탐구: 자연보호론자 대통령 시어도어 루스벨트[27]

미국 제26대 대통령인 시어도어 루스벨트는 사우스다코타 주 러시모어 산 '큰 바위 얼굴'에 새겨진 네 명의 위대한 대통령(조지 워싱턴, 토머스 제퍼슨, 시어도어 루스벨트, 에이브러햄 링컨) 중 한 명이다. '자연보호론자 대통령(Conservationist President)'으로 불리는 루스벨트는 1901년 산림청을 설립해 야생동물을 보호했고, 2억 3,000에이커(acre)가 넘는 연방 토지를 공유지로 묶어 자연 보존에 힘썼다. 또한 자연보호를 위해 150개의 국유림과 5개의 국립공원을 지정했으며, 유적 보호법(American Antiquities Act of 1906)으로 18개의 국립 기념물을 선정하였다.

애리조나 주의 그랜드 캐니언도 루스벨트가 1908년에 국립 기념물로 선정한 곳이다. 오늘날 전 세계적으로 사랑받는 곰 인형 '테디 베어'의 이름은 루스벨트의 별명인 '테디'에서 비롯된 것으로, 사연은 다음과 같다. 1902년 곰 사냥을 나간 루스벨트가 새끼 곰을 불쌍히 여겨 살려 줬다는 일화가 〈워싱턴 포스트〉에 시사 만화로 게재되었다. 그러자 이 만화를 본 뉴욕의 장난감 가게 주인 모리스 미첨Morris Michtom이 자신이 만든 곰 인형의 이름을 '테디의 곰(Teddy's bear)'이라고 붙인 데서 '테디 베어'가 유래했다는 것이다.

마블이 없는 마블 캐니언

미국 애리조나 주 북부에 있는 마블 캐니언(Marble Canyon)은 그랜드 캐니언 국립공원의 북쪽, 버밀리온 클리프스 국립 기념물(Vermilion Cliffs National Monument) 동쪽에 위치한 협곡으로, 협곡의 암석 사이로는 콜로라도 강이 흐른다. 마블 캐니언은 이름과 달리 '마블(Marble, 대리암)'이 없다. 지질학자인 존 파웰John W. Powell은 그곳에 대리암이 없다는 것을 알았지만, 윤이 나는 석회암이 마치 대리암처럼 보였기 때문에 이름을 마블 캐

마블 캐니언 사이로 흐르는 콜로라도 강

니언으로 지었다고 한다.

　마블 캐니언은 콜로라도 강을 가로지르는 나바호 다리(Navajo Bridge)
로 잘 알려져 있다. 첫 번째 나바호 다리는 1929년 완공되었고, 두 번째
다리는 1995년 완공되었다. 다리 모양은 둘 다 똑같다. 콜로라도 강 위로
143미터 높이에 건설된 나바호 다리에서 바라본 마블 캐니언과 콜로라도
강의 모습은 장관을 이룬다.

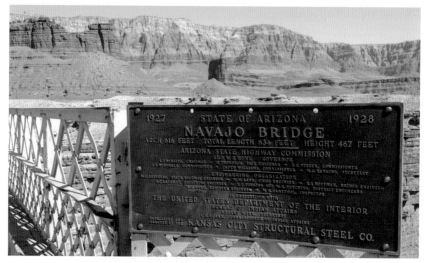

콜로라도 강 위를 지나는 나바호 다리(Navajo Bridge)

섬세한 붉은 후두 브라이스 캐니언

'협곡의 어머니'라 불리는 브라이스 캐니언(Bryce Canyon)은 유타 주 남서부에 위치해 있다. 원형 지형인 브라이스 캐니언은 기묘하고 섬세한 수만 개의 각양각색 돌기둥(후두, Hoodoo)이 원시적인 아름다움을 뿜어내는 곳이다. 특히 14개의 뷰 포인트 가운데 최고의 절경을 자랑하는 브라이스 포인트(Bryce Point)와 인스피레이션 포인트(Inspiration Point), 일출과 일몰 때 빛의 각도에 따라 수만 개의 돌기둥이 신비로운 색조를 연출하는 선셋 포인트(Sunset Point)와 선라이즈 포인트(Sunrise Point)는 브라이스 캐니언에서 빼놓을 수 없는 장소다. 브라이스 캐니언은 1923년 국립 천연기념물로 지정되었고, 1928년 국립공원으로 지정되었다.

브라이스 포인트에서 바라본 브라이스 앰피시어터(Bryce Amphitheater)

인스피레이션 포인트에서 바라본 브라이스 앰피시어터(Bryce Amphitheater)

거대한 바위산 자이언 캐니언

미국 유타 주 남서부에 위치한 자이언 캐니언(Zion Canyon)은 웬만한 고층 아파트보다 큰 바위들과 수백 피트의 가파른 협곡이 장엄한 분위기를 연출하는 곳이다. 특히 거대한 바위산을 관통하는 1.1마일(1.8킬로미터)의 '자이언 마운트 카멜 터널(The Zion-Mount Carmel Tunnel)'은 대공황 시절인 1930년에 완공되었다. 당시 이 터널은 자이언 국립공원에서부터 브라이스 캐니언과 그랜드 캐니언까지 직접 접근할 수 있도록 하기 위해 만들어졌다고 한다.

편도 1차선인 터널 안에는 등이 없기 때문에 자동차 전조등을 켜지 않으면 아무것도 보이지 않는다. 하지만 터널 바깥으로 뚫려 있는 몇 개의

자이언 캐니언

자이언 마운트 카멜 터널(The Zion-Mount Carmel Tunnel) 입구

구멍들로 들어오는 강렬한 햇빛은 또 다른 경이로움을 자아낸다. 인근 브라이스 캐니언이 여성의 부드럽고 섬세한 이미지를 가지고 있다면, 자이언 캐니언은 남성의 강인하고 웅장한 이미지를 가지고 있다. 서부 3대 캐니언으로 꼽히는 자이언 캐니언은 1919년 국립공원으로 지정되었다.

3. 세계 최초의 국립공원, 옐로스톤

1872년 세계 최초로 국립공원으로 지정된 옐로스톤 국립공원(Yellow-stone National Park)은 자연의 경이로움을 오감으로 느낄 수 있는 곳이다. 옐로스톤 강이 흘러내리며 만든 광대한 협곡과 폭포, 화산이 붕괴되면서 형성된 칼데라 호수와 침엽수로 둘러싸인 계곡, 지금도 끓어오르는 대지와 수천 개의 간헐천, 박테리아가 만들어 내는 투명한 에메랄드색의 온천, 초원에서 풀을 뜯는 아메리칸 들소와 노새사슴, 화산 폭발로 인해 화석화

차도를 걸어가는 아메리칸 들소(American Bison)
옐로스톤에는 4,000마리가 넘는 아메리칸 들소가 살고 있다. 어른 수컷 들소는 무게가 900킬로그램에 이른다.

모닝 글로리 풀(Morning Glory Pool)
옐로스톤 어퍼 간헐천 분지(Upper Geyser Basin)에 있는 온천

된 나무와 식물을 볼 수 있는 곳이 바로 옐로스톤이다. 옐로스톤 국립공원은 1978년 유네스코 세계 자연 유산으로 지정되었다. 미국의 다른 여행지들보다 방문하기 힘들지만, 고생한 것 이상의 기쁨과 감동을 주는 곳이다.

황색과 흰색이 어우러진 맘모스 핫 스프링스

옐로스톤 국립공원 북서쪽에 있는 맘모스 핫 스프링스(Mammoth Hot Springs)는 세계에서 가장 큰 탄산염 간헐천이다. 이곳은 석회화단구(Travertine Terrace)인데, 탄산칼슘을 다량 함유한 뜨거운 물이 분출해 석회암 지대로 흘러내리면서 탄산칼슘이 침전해 층층이 계단 형태로 접하는

맘모스 핫 스프링스

지형을 만든 것이다. 이 온천에서 물이 흐르는 곳은 미생물이 살기 때문에 노란색을 띤다. 하지만 물이 흐르지 않는 곳은 미생물이 살 수 없기 때문에 하얀색을 띤다.

V자 모양의 협곡 옐로스톤 그랜드 캐니언

옐로스톤 그랜드 캐니언(The Grand Canyon of the Yellowstone)은 길이 32킬로미터, 너비 457~1,219미터, 깊이 244~366미터의 대협곡이다. 이 협곡의 암석 사이로는 옐로스톤 강이 흐른다. 옐로스톤 강은 와이오밍 주 요운트(Yount) 봉우리의 산비탈에서 발원해 옐로스톤 그랜드 캐니언의 협곡을 지나 노스다코타 주의 미주리 강으로 흘러 들어간다.

총길이 1,080킬로미터인 옐로스톤 강은 옐로스톤 그랜드 캐니언을 지나면서 두 개의 거대한 폭포를 만든다. 하나는 나이아가라 폭포(56미터)보다 높은 로워 폭포(Lower Falls, 높이 94미터)이고, 다른 하나는 요란한 천둥소리를 내며 떨어지는 어퍼 폭포(Upper Falls, 높이 33미터)다.

옐로스톤 그랜드 캐니언의 암석 새깔은 애리조나 주 북부에 있는 그랜드 캐니언과는 좀 나른데, 이는 옐로스톤 그랜드 캐니언의 암석이 지하의 거대한 마그마의 열수와 반응하여 변질되었기 때문이라고 한다. 옐로스톤 그랜드 캐니언의 유문암은 다양한 철 화합물을 포함하고 있다.

옐로스톤 그랜드 캐니언의 협곡 사이로 흐르는 옐로스톤 강

옐로스톤 그랜드 캐니언의 어퍼 폭포(Upper Falls)

분출을 신뢰할 수 있는 간헐천 올드 페이스풀

어퍼 간헐천 분지(Upper Geyser Basin)에 있는 올드 페이스풀(Old Faithful)은 옐로스톤에서 가장 유명한 간헐천 중 하나다. 올드 페이스풀은 100여 년 전 발견 당시부터 지금까지 단 한 번도 멈추지 않고 오랜 기간 (Old) 예측 가능한 시각에(Faithful) 물을 뿜어내고 있다. 60~110분 간격으로 32~56미터 높이의 물기둥을 3~4분 정도 분출하는데, 이때 솟구쳐 나오는 물의 양은 1만 4,000~3만 2,000리터이며 온도는 120도 정도다.

분출하는 올드 페이스풀

Must see 간헐천

엘로스톤에는 올드 페이스풀 말고도 꼭 봐야 할 간헐천들이 많다. 그 중에서 대표적인 간헐천 분지는 미드웨이 간헐천 분지(Midway Geyser Basin), 노리스 간헐천 분지(Norris Geyser Basin), 웨스트 섬 간헐천 분지(West Thumb Geyser Basin), 로워 간헐천 분지(Lower Geyser Basin)다.

미드웨이 간헐천 분지에는 미국에서 가장 규모가 큰 온천인 그랜드 프리즈매틱 스프링(Grand Prismatic Spring)이 있다. 지름이 약 370피트(113미터), 깊이가 121피트(37미터)에 달하는 그랜드 프리즈매틱 스프링은 파란색, 에메랄드색, 녹색, 노란색, 오렌지색, 갈색 등 다채로운 색채로 방문객들의 탄성을 자아낸다.

그랜드 프리즈매틱 스프링

노리스 간헐천 분지

　노리스 간헐천 분지는 옐로스톤의 간헐천들 중 가장 온도가 높은 온천 지대로, 다른 간헐천들과 달리 강한 산성이다. 노리스 간헐천은 포슬린 분지(Porcelain Basin)와 백 분지(Back Basin)로 나눠져 있다. 이 두 분지 위에 놓인 트레일을 걷다 보면 대지에서 뿜어 나오는 뜨거운 수증기와 에메랄드색의 온천수를 바로 옆에서 보고 느낄 수 있다.

　다음으로 유황 가스의 냄새가 호흡기를 자극하는 웨스트 섬 간헐천 분지는 옐로스톤 호수 서쪽에 위치한 간헐천이다. 옐로스톤 호수는 표면적 354제곱킬로미터, 길이 32킬로미터, 너비 23킬로미터, 최대 수심 125미터인 칼데라 호수다. 웨스트 섬 간헐천 분지에는 각양각색의 여러 간헐천들이 있다. 이들의 색깔이 다른 것은 여러 종류의 박테리아 때문이다. 웨스트 섬의 간헐천들 중에는 피싱 콘(Fishing Cone)이라는 작은 웅덩이 모양

노리스 간헐천 분지

웨스트 섬 간헐천 분지

웨스트 섬 간헐천 분지에서 바라본 옐로스톤 호수

의 간헐천이 있다. 오래 전 낚시꾼들이 옐로스톤 호수에서 물고기를 잡아 피싱 콘의 끓는 물에 넣어 익혀 먹던 것을 보고 붙인 이름이라고 한다. 현재 이곳은 방문객들의 안전을 위해 낚시를 금지하고 있다.

　마지막으로 로워 간헐천 분지의 파운틴 페인트 팟(Fountain Paint Pot)은 부글부글 끓어오르는 진흙과 수증기가 뿜어져 나오는 간헐천이다. 이곳은 죽은 소나무들이 을씨년스러우면서도 묘한 분위기를 연출하기 때문에, 옐로스톤의 다른 간헐천에서 즐길 수 없는 색다른 경험을 할 수 있다.

파운틴 페인트 팟

4. 북아메리카 대륙의 등줄기, 로키 산맥

로키 산맥의 중심 로키 산 국립공원

미국 콜로라도 주 중북부에 위치한 로키 산 국립공원(Rocky Mountain National Park)은 로키 산맥의 지맥인 프론트 산맥(Front Range)의 일부를 포함한다. 미국의 알프스라 불리는 로키 산 국립공원에는 해발 1만 2,000피트(3,658미터)가 넘는 봉우리가 72개나 있다. 로키 산 국립공원의 3분의 1 정도가 수목한계선인 1만 1,400피트(3,475미터) 위에 있다. 알파인 툰드

로키 산 국립공원

물에 비치는 그림자가 아름다운 베어 레이크(Bear Lake)

툰드라 보호 지역인 포레스트 캐니언 전망대(Forest Canyon Overlook)

툰드라 지대의 만년설

라(Alpine Tundra) 지대에서는 한여름에도 두꺼운 만년설을 볼 수 있다. 연간 300만 명 이상이 방문하는 로키 산 국립공원은 1915년 국립공원으로 지정되었다.

차로 올라갈 수 있는 가장 높은 곳 마운틴 에번스

　미국 콜로라도 주 중부에 위치한 에번스 산(Mountain Evans)은 로키 산맥의 한 지맥인 프론트 산맥의 주봉이다. 에번스 산 정상은 1만 4,258피트(4,346미터)이며, 정상까지 연결된 '마운트 에번스 로드(Mount Evans Road)'는 북아메리카에서 차로 갈 수 있는 가장 높은 곳(4,307미터)의 포장도로다.

　마운트 에번스 로드는 편도 1차로인데, 정상에 가까워질수록 도로 옆은 난간도 없는 낭떠러지다. 그래서 가슴을 졸이며 운전하게 된다. 에번스 산은 로키 산맥의 고봉 중 하나인 파이크스 피크(Pikes Peak) 보다 45미터 더 높다.

에번스 산 정상 부근의 산양 무리

에번스 산의 브리슬콘 소나무

지구 상에서 가장 오래 사는 나무로 알려진 브리슬콘 소나무(Bristlecone pine). 세계에서 가장 오래된 브리슬콘 소나무는 4,900년 정도 된 것으로 알려졌다.

에번스 산 정상까지 연결된 도로

대평원이 로키 산맥과 만나는 레드 록스 공원

레드 록스 공원(Red Rocks Park)은 미국 콜로라도 주 덴버에서 서쪽으로 약 10마일 떨어진 모리슨에 있는 공원이다. 레드 록스 공원은 대평원이 로키 산맥과 만나는 독특한 점이지대(Transitional Zone)로, 자연적으로 생겨난 붉은색 사암 바위들이 장대한 광경을 연출하는 곳이다.

레드 록스 공원 내에는 1만여 명을 수용할 수 있는 고대 로마식 원형 극장인 레드 록스 원형 극장(Red Rocks Amphitheatre)이 있다. 거대한 붉은색 바위들이 환상적인 음향을 만들어내는 레드 록스 원형 극장에서는 비틀즈를 비롯한 세계적인 뮤지션들이 공연을 했다. 덴버를 사랑해 이름도 덴버로 바꾼 싱어송라이터 존 덴버(John Denver, 본명은 Henry John Deutschendorf, Jr)도 이곳에서 16번이나 공연을 했다. 공연이 없는 날에는 무대 위에서 단체로 요가를 하는 시민들과 원형 극장 계단을 오르내리며 운동하는 이들의 모습을 볼 수 있다.

기묘한 붉은 바위들의 향연 신들의 정원

신들의 정원(Garden of the Gods)은 미국 콜로라도 주 콜로라도 스프링스 시내에서 북서쪽의 차로 15분 거리에 있는 공원이다. 신들의 정원에 있는 붉은 암석들은 로키 산맥의 고봉인 파이크스 피크를 배경으로 신비로운 전경을 뽐낸다. 이 붉은색의 기묘한 모양의 바위들은 레드 록스(Red

레드 록스 야외 원형 극장

신들의 정원에 난 도로

신들의 정원 안내문

Rocks) 지층의 일부다. 신들의 정원은 원래 찰스 엘리엇 퍼킨스Charles Elliot Perkins의 사유지였다. 그는 이곳을 시민들이 즐길 수 있는 공원으로 만들려고 준비하다가 1907년 사망했다. 그러자 그의 자녀들이 퍼킨스의 뜻을 받들어 1909년에 정원을 시민 공원으로 활용하도록 콜로라도 스프링스에 기증했다. 신들의 정원은 1971년 국립 자연보호지로 지정되었다.

5. 세계를 대표하는 폭포와 동굴

세계 3대 폭포 나이아가라 폭포

미국과 캐나다 국경을 따라 흐르는 나이아가라 강(Niagara River)은 길이 56킬로미터의 강으로, 이리 호(Lake Erie)에서 흘러나와 온타리오 호(Lake Ontario)로 흐른다. 나이아가라 강은 미국령인 고트 섬(Goat Island)에 의해 두 줄기로 갈라져 북동쪽에는 미국 폭포(American Falls)를, 서쪽에는 캐나다 폭포(Canadian Horseshoe Falls)를 형성하고 있다. W자 모양의 미국

미국 폭포

캐나다 폭포

폭포는 평균 초당 7만 5,000갤런(gal)의 물을 쏟아 부으며, 높이는 56미터이고 너비는 328미터다. 말발굽 모양의 캐나다 폭포는 평균 초당 67만 8,000갤런의 물을 쏟아 부으며, 높이는 52미터이고 너비는 670미터다. 캐나다 폭포가 미국 폭포보다 규모가 크며 좀 더 웅장하고 아름다워 보인다. 나이아가라 강 전체 유수량의 90퍼센트가 캐나다 폭포로 흘러내린다.

세계에서 가장 긴 동굴인 매머드 동굴

미국 켄터키 주에 있는 매머드 동굴 국립공원(Mammoth Cave National Park)의 매머드 동굴은, 현재까지 탐사된 길이만 400마일(644킬로미터)이 넘는 세계에서 가장 긴 동굴이다. 동굴의 최대 너비는 150미터, 최대 높

매머드 동굴

이는 80미터다. 4,000여 년 전 매머드 동굴을 처음 탐험한 인디언들은 동굴에서 광물들을 채굴했었다. 당시 인디언들이 사용했던 갈대로 만든 횃불을 포함한 도구들이 아직도 이곳에 남아 있다. 1790년대 후반에는 유럽에서 건너온 이민자들이 동굴에서 화약의 원료인 초석(Saltpeter)을 채굴했고, 영미 전쟁 전까지는 노예들이 이곳에서 초석을 채굴했다.

매머드 동굴을 가장 광범위하게 탐험한 첫 번째 사람은 스티븐 비숍 Stephen Bishop이라는 노예였다. 그는 1838년 17살 나이에 매머드 동굴 가이드를 시작했는데, 그가 1842년에 그린 매머드 동굴 지도는 40년 넘게 사용되었다. 매머드 동굴은 1941년 국립공원으로 지정되었으며, 1981년 유네스코 세계 자연 유산으로 등록되었다. 1990년에는 국제 생물권 보전 지구(International Biosphere Reserve)로 지정되었다.

부록

미국 '한 큐' 정착 길라잡이

1. 주택 관련 매뉴얼

주택 형태

미국에서 체류하고자 한다면 가장 중요한 일은 거주할 집을 구하는 일일 것이다. 미국의 주택은 건물 구조에 따라 크게 아파트(Apartment)/콘도미니엄(Condominium), 타운홈(Town Home), 싱글홈(Single Home)으로 나눌 수 있다.

우선 미국의 아파트/콘도미니엄은 한국의 일반 아파트처럼 한 건물 안에 여러 단위 세대가 수직적(윗집과 아랫집), 수평적(옆집)으로 일정하게 구획되어 있는 공동 주택이다. 미국의 아파트/콘도미니엄은 대도시의 다운타운을 제외하고 5층 이하의 건물이 대부분이다. 건물은 주로 나무로 지어졌기 때문에 한국의 아파트보다 층간 소음이 심한 편이다.

아파트와 콘도미니엄은 건물의 구조는 유사하지만, 주택 소유의 형태가 다르다. 미국의 아파트는 각 세대가 집을 소유하는 것이 아니라, 개인 또는 회사(법인)가 아파트 건물 전체를 소유하고 각 세대별로 임대하는 형태다. 즉 각 세대(입주자)는 아파트 건물주와 임대차 계약(Rental Agreement)을 체결하고 지정된 기간 동안 월세(Monthly Rent)를 내면서 산다.

이에 반해 콘도미니엄은 우리나라의 분양 아파트처럼 각 세대가 집을 소유하는 형태다. 콘도미니엄에는 입주자 협회(HOA: Homeowners Association)가 조직되어 있다. HOA는 주민들로부터 매달 관리비(Maintenance Fee)를 징수한다. 징수된 관리비는 콘도미니엄 단지 내 수영장, 헬스장, 테니스장, 클럽 하우스 등과 같은 공동 소유 시설을 관리하고 공동 소유 구역의 잔디 및 조경을 관리하는 데 사용된다. 실제로 잔디 깎는 것이 귀찮아서 단독주택보다 콘도미니엄이나 타운홈을 선호하는 미국인들도 많다. HOA가 선정한 관리인(Property Manager)의 급여와 쓰레기 수거비, 화재보험료 등도 주민들이 내는 관리비에서 지급된다.

콘도미니엄 중에는 간혹 소유주가 임대를 놓는 경우가 있다. 이 경우 아

3층 높이의 아파트

파트에 비해 임대료가 비싼 편이다. 단기간 미국에 거주하는 유학생이나 교환 방문자들은 주로 아파트를 임차해서 거주한다.

다음으로 타운홈은 2~3층으로 지어진 유사한 구조의 4~8채의 집들이 연속적으로 옆집과 벽을 맞닿아 붙어 있는 연립주택 형태다. 타운홈은 아파트나 콘도미니엄과 달리 수직적(윗집과 아랫집)으로 연결된 세대는 없고, 수평적(옆집)으로만 다른 집과 붙어 있다. 따라서 아파트처럼 층간 소음으로 스트레스를 받는 일은 드물다. 그렇지만 타운홈도 대부분 나무로 지어졌기 때문에 옆집에서 발생하는 소음은 어느 정도 감수해야 한다.

타운홈도 콘도미니엄과 마찬가지로 입주자 협회(HOA)가 조직되어 있으

클럽 하우스
콘도미니엄이나 타운홈 내에 있는 클럽 하우스는 입주민들이 차를 마시며 담소를 즐기거나 미팅하는 장소다. 입주자 협회(HOA)에서 선정한 관리인의 사무실도 보통 클럽 하우스 내에 있다.

며, 주민들로부터 관리비를 징수한다. 징수된 관리비는 타운홈 단지 내 공동 소유 시설을 관리하고 공동 소유 구역의 잔디 및 조경을 관리하는 데 사용된다.

마지막으로 싱글홈은 개인이 단독으로 토지와 건물의 소유권을 갖는 단독주택이다. 이웃집과 완전히 분리되어 있으며, 앞·뒤의 마당과 정원, 주차장 등이 있다. 프라이버시가 제일 잘 보장되는 주택 형태다. 그러나 싱글홈은 집주인이 직접 건물을 수리하고 마당의 잔디와 정원을 관리해야 한다. '남의 떡이 더 커 보인다'라는 우리 속담과 비슷한 의미인 '남의 잔디가 더 푸르러 보인다.(The grass is always greener on the other side of the fence.)'라는 속담이 있을 정도로 미국인들에게 잔디는 중요한 의미를 가지고 있다. 아무리 자기 집이라도 잔디를 제대로 관리하지 않으면 이웃 사람들의 눈총을 받을 뿐 아니라, 벌금을 내는 경우도 있다.

아파트 임차하기

미국에서 아파트를 임차할 때에는 우리나라의 주민등록번호와 유사한 사회 보장 번호(SSN: Social Security Number)와 신용 점수(Credit Score)가 있어야 한다. 만약 없다면 합법적인 체류 신분을 증명할 수 있는 서류가 필요하다. 대표적인 증빙서류는 유효한 미국 비자가 있는 여권과 재정 출처를 입증할 수 있는 재정 보증 서류다. 유학생인 경우 입학 허가 서류(I-20)를, 교환 방문자인 경우 자격 증명서(DS-2019)를 추가로 요구하는 경우가 많다.

아파트 임차에 필요한 서류를 구비한 후에는 아파트 단지 내 임대 사무실(Leasing office)에 가서 '리스(Lease)'라 불리는 임대차 계약을 하면 된다. 대부분의 아파트가 임대차 계약 시 보증금(Security Deposit)을 요구한다. 보증금은 일반적으로 한두 달치 임차료인 경우가 대부분이다. 하지만 미국에서의 신용 점수가 없거나 낮으면 더 많은 보증금을 요구하기도 한다. 보증금은 임대차 계약 만료 시 되돌려준다. 아파트 임차료는 계약 만료 후 재계약 시 올리는 경우가 많다.

한 가지 유의할 점은 미국의 아파트는 우리나라와 달리 임차인이 입주할 때의 주택 상태를 임대차 계약 만료 시까지 그대로 유지하지 않으면, 아파트의 손상 정도를 평가해 손해액을 보증금에서 차감한다는 것이다. 벽에 달력을 걸기 위해 박은 못 구멍 하나, 카펫 위의 작은 얼룩 등도 아파트 손상에 포함된다. 그러므로 임대차 계약서에 서명하기 전 반드시 임대 관리인과 함께 아파트를 세세하게 살펴보고 아파트 손상 목록을 작성해야 한다. 그래야 이사갈 때 이미 있던 손상에 대해서는 책임을 지지 않는다. 또한 미국 아파트에는 냉장고, 에어컨, 식기세척기, 레인지, 옷장이 기본적으로 갖춰져 있다. 세탁기와 건조기는 아파트에 따라 연결 코드나 수도관이 없는 경우도 있다. 이런 경우에는 단지 내 공용 세탁실을 이용하게 된다. 공용 세탁실에는 건조기도 갖춰져 있다. 베란다나 테라스에 빨래를 널어 놓는 것은 대부분의 아파트에서 금지하고 있다.

미국 아파트의 구조는 대부분 나무로 되어 있다. 바닥이 나무기 때문에 거실이나 방에서 쿵쿵거리며 뛰면 아랫집에서 소음으로 관리 사무소에 신고하는 경우가 있다. 아파트마다 규정의 차이는 있지만 보통 3회 이상 경고를 받으면 강제 퇴거 조치를 당한다.

아파트 공과금 납부하기

미국에서 공과금(Utilities)은 수도 요금(Water bill), 가스 요금(Gas bill), 전기 요금(Electricity bill), 전화 요금(Phone bill) 등을 말한다. 공과금은 아파트 임차료에 포함되어 있는 경우도 있고, 그렇지 않은 경우도 있다. 그러므로 아파트 임차료에 어떤 공과금이 포함되어 있는지 계약 전에 미리 확인해야 한다.

임차료에 포함되어 있지 않은 공과금은 임차인이 각 공공서비스 기관(예: 전기 회사)에 서비스를 신청한 뒤 매달 납부한다. 수도, 가스, 전기는 거주 지역의 수도 회사와 가스 회사, 전기 회사를 방문하거나 전화를 걸어 직접 신청한다. 공과금을 제때 납부하지 않으면 서비스를 끊겠다는 통보가 오기 때문에 자동이체를 신청하면 편리하다.

케이블TV와 인터넷, 전화는 AT&T나 컴캐스트(Comcast)와 같은 통신회사 콜센터에 전화를 걸어 설치를 요구한다. 사회 보장 번호(SSN: Social Security Number)가 없다면 합법적인 체류를 증명할 수 있는 서류(여권, 미국 비자, I-94, I-20 등)를 가지고 서비스 기관에 직접 방문해서 신청해야 한다.

음식물 쓰레기 분쇄기

미국의 일반 가정집에서는 이른바 '디스포저(Disposer)'라 불리는 음식물 쓰레기 분쇄기를 주로 사용한다. 싱크대의 구멍으로 음식물 쓰레기를 밀어 넣으면 싱크대 구멍 밑에 설치된 분쇄기가 음식물을 잘게 갈아서 바로 공공 하수도로 배출한다. 디스포저로 음식물을 분쇄할 경우에는 물을 살짝 튼 상태에서 사용하는 것이 좋다.

사용자 입장에서 디스포저의 가장 큰 장점은 편리함이다. 디스포저를 사용하면 쓰레기를 수시로 버려야 하는 번거로움과 악취 문제가 동시에 해결된다. 디스포저는 꽤 편리한 장치이기는 하지만 음식물 찌꺼기가 하

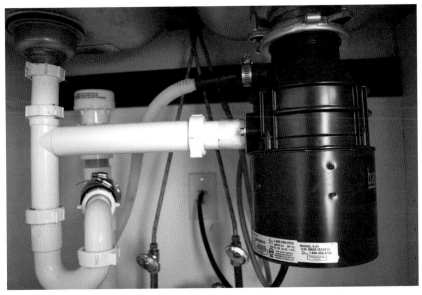

싱크대 밑에 설치된 디스포저

수도관을 막아서 싱크대로 물이 역류하는 경우도 있으니 주의해야 한다.

싱크대 구멍으로 밀어 넣기에는 큰 음식물 쓰레기나 복숭아 씨처럼 단단한 음식물 쓰레기는 일반 쓰레기봉투에 넣어 버리도록 한다. 남은 밥도 많은 양을 한꺼번에 분쇄기에 넣지 않는 것이 좋다. 디스포저에 넣었을 때 막히기 쉬운 음식물 쓰레기 리스트도 있을 정도다. 그러니 만약 배관 시설이 취약한 오래된 건물에 산다면 주의해야 한다. 미국에서는 하수도가 막히는 일이 잦아서인지 배관공(Plumber)이 인기 있는 직업 중 하나다.

물기 없는 화장실 바닥

미국 주택 화장실 바닥에는 배수구가 없다. 욕조의 수도꼭지를 계속 틀어놓거나 변기가 막히면 물이 넘치면서 화장실 바닥에 고이니 주의해야 한다.

화장실 바닥에만 물이 고이면 그나마 다행이다. 바닥에 수건을 여러 장 깔아 놓고 물을 흡수시키거나 쓰레받기 또는 양동이로 물을 퍼내면 되기 때문이다. 더 큰 문제는 화장실 바닥에 고인 물이 아랫집 천장으로 흘러내린 경우다. 미국 아파트는 대부분 벽과 바닥이 콘크리트가 아닌 나무로 되어 있다. 층간 누수로 윗집 화장실 바닥의 물이 아랫집 천장으로 흘러내려가 가구와 카펫이 젖는다면 문제가 심각해진다. 물에 젖은 카펫과 가구들에 대해 손해배상을 해야 하기 때문이다.

그래서 미국 아파트에 입주할 때에는 주택 보험이 의무적으로 요구되는 경우도 있다. 주택 보험 비용은 지역에 따라 차이가 있지만, 아파트의 경우 10달러에서 수십 달러까지도 나온다.

이런 화장실은 항상 건조한 상태이기 때문에 곰팡이가 필 염려가 없어 위생적이고 미끄럽지도 않다는 장점이 있다. 하지만 물을 끼얹어 가며 청소해야 속 시원하다고 생각하는 한국인들은 이런 미국식 화장실에 적응하는 데 시간이 필요하다.

2. 차량 관련 매뉴얼

운전면허 관련 정보

미국에서 자동차는 신발과 같은 필수품이다. 대도시에는 버스나 택시와 같은 대중 교통수단이 있지만, 땅이 워낙 넓어서 대중교통으로 갈 수 없는 곳이 많다. 작은 도시나 지방에서는 집 가까운 마트에 갈 때에도 자동차를 몰고 가야 하기 때문에, 미국에서 운전면허가 없으면 손발이 묶이는 셈이다. 또한 운전면허증은 미국에서 신분증(ID)의 역할을 한다. 호텔, 은행, 공항 등에서 신분을 확인할 때 운전면허증을 보여 주면 된다.

2014년 기준으로 미국에서 한국과 '운전면허 상호 인정·교환 약정'을 체결한 주(州)는 총 16개 주(메릴랜드, 버지니아, 워싱턴, 매사추세츠, 텍사스, 플로리다, 오리건, 미시간, 아이다호, 앨라배마, 웨스트버지니아, 아이오와, 콜로라도, 조지아, 아칸소, 사우스캐롤라이나)이다. 미국 거주자의 경우 '운전면허상호 인정·교환 약정'을 체결한 주에서는 별도의 운선면허 시험 없이 한국에서 발급받은 운전면허증을 거주하는 주의 운전면허증으로 교환해 사용할 수 있다. 그러나 아직 '운전면허 상호 인정·교환 약정'을 체결하지 않은 주에 거주한다면, 운전면허 시험을 통과해야 운전면허증을 취득할 수 있다. 미국에 일시적으로 거주하는 경우, 주마다 차이는 있지만 국제 운전면허증과 한국 운전면허증을 소지하면 6~12개월 동안 미국에서 운전할 수 있다.

운전면허 시험 보기

미국에서 운전면허는 각 주의 자동차 관리국(DMV: Department Of Motor Vehicles)에서 주관한다. 운전면허 시험을 보기 위해서는 합법적인 체류를 증명할 수 있는 서류(여권, 미국 비자, I-94, I-20 등)와 거주지를 증명할 수 있는 서류(임대차 계약서, Bank Statement, 공과금 우편물 등)가 필요하다. 유학생(F1비자)이나 교환 방문자(J1비자)는 입국 정보가 빨리 처리

테네시 주 프랭클린의 운전면허 시험장

되어 운전면허 시험을 통과하면 면허증이 바로 발급된다. 하지만 유학생이나 교환 방문자의 배우자(F2, J2비자)의 경우 입국 정보가 각 주의 자동차 관리국과 늦게 공유되는 경우가 많다. 그래서 시험을 통과해도 면허증이 발급되기까지 한 달이 넘게 걸리는 경우도 부지기수다. 운전면허 시험장에 가면 시험장 문이 열리기 전부터 사람들이 길게 줄을 서 있는 모습을 볼 수 있다. 특히 월요일이나 금요일에는 대기 시간이 길기 때문에 인내심이 필요하다.

주마다 운전면허 시험은 약간씩 차이가 있다. 하지만 대부분 시력검사(Vision Test), 필기시험(Knowledge Test), 도로 주행 시험(Road Test) 순으로 진행된다. 시력검사는 쌍안경 같은 기계에 눈을 대고 시험관이 읽으라고 하는 라인(line)의 숫자들을 읽는 방식이다. 시력검사를 통과하면 컴퓨터가 여러 대 놓인 방에 가서 필기시험을 치른다. 한국인들이 많이 거주하는 미국의 도시에서는 필기시험을 한국어로 볼 수 있는 면허 시험장들도 많다. 때문에 시험 보기 전 시험관에게 한국어로 필기시험을 볼 수 있는지 물어보면 된다. 필기시험에 합격하면 바로 연습 운전면허(Learner Permit)를 발급해 준다. 연습 운전면허가 있으면 혼자 운전할 수는 없지만, 운전면허가 있는 사람이 동승하면 운전할 수 있다. 필기시험 합격 후 도로 주행 시험을 치르려면 전화나 인터넷으로 시험 볼 날을 예약해야 한다. 신속히 예약하지 않으면 도로 주행 시험일이 한 달 이상 늦어질 수 있다.

도로 주행 시험은 응시자가 본인의 차를 갖고 시험장에 와서 시험을 보는 것이다. 연습 운전면허 상태에서 차를 혼자 운전해 시험장에 오는 것은 무면허 운전이라 불법 행위다. 반드시 운전면허가 있는 사람이 차에 동승

해서 오도록 한다. 도로 주행 시험 때에는 응시자가 자동차를 제대로 조작할 수 있는지 테스트한 후, 시험관이 조수석에 탑승해 응시자의 도로 주행 능력을 평가한다. 도로 주행 시험은 시험관이 지시하는 방향으로 10~15분 정도 주행하며 진행된다. 한국인들이 도로 주행 시험에서 떨어지는 주된 이유는, 첫째 시험관이 옆에서 하는 영어를 이해하지 못해 엉뚱한 방향으로 가기 때문이다. 둘째, 정지 표지판(STOP) 앞에선 무조건 멈췄다가 다시 출발해야 하는데, 이 표지판을 못 보고 그냥 지나치다가 떨어지는 경우다. 셋째, 차선을 변경할 때 어깨너머로 사각지대(Blind Spot)를 확인하지 않아서 떨어지는 경우다. 도로 주행 시험에서는 도로 주행을 마치고 시험장으로 돌아와서 차를 주차하는 것까지 평가한다. 시험장에 돌아왔다고 해서 주차를 대충하면 감점된다. 도로 주행 합격 여부는 시험이 끝나자마자 시험관이 바로 알려 준다.

자동차 구입하기

미국에서 신차는 제너럴 모터스, 현대, 도요타, 닛산, 혼다와 같은 딜러샵에 가서 구입할 수 있다. 동일한 차종이더라도 딜러샵에 따라 가격이 천차만별이다. 그러니 여러 딜러샵을 방문한 후 딜러와 가격을 흥정해 차를 구입하는 것이 바람직하다. 한국과 달리 딜러샵에서 자동차 매매 계약서를 작성하고 차량 대금을 지급하면 바로 차량을 인도받을 수 있다. 물론 딜러샵에서 차량을 구입한 후 인터넷이나 전화로 자동차보험에 가입해야

중고차 전문 매장 카맥스

차를 몰고 나올 수 있다.

　중고차를 구입하는 방법은 신차보다 다양하다. 카맥스(CarMax)와 같은 중고차 전문 매장에 가서 구입하거나, 중고품 인터넷 사이트인 크레이그리스트(Craiglist.com) 등을 통해 개인 간 직거래로 구입할 수 있다. 또는 각 자동차 딜러샵에서 보유한 중고차를 구입할 수도 있다. 미국에서 가장 큰 중고차 매장인 카맥스를 통해 중고차를 구입할 경우, 앞서 말한 다른 경로를 통해 중고차를 구입하는 경우보다 다소 비싼 가격에 차를 사게된다. 카맥스에서는 단 1딜러도 깎아 주지 않는다. 그러나 키맥스에서 판매하는 중고차는 사고 이력을 포함한 차량 정보를 비교적 정확히 알 수 있고, 정비가 완료된 차다. 그러니 어느 정도 믿고 구매할 수 있다. 카맥스에서 중고차를 구입할 때에는 딜러샵에서 신차를 구입할 때와 마찬가지로 그 자리에서 자동차보험을 가입해야 차를 몰고 나올 수 있다.

자동차보험은 매장에서 급하게 결정하기보다 미리 보험 회사, 보장 수준, 지불 금액 등을 알아보고 선택하는 것이 좋다. 차를 구입하면 매장에서 임시 번호판을 달아준다. 그리고 몇 주 후 차 번호판과 자동차 소유증(Certificate of Title)이 집으로 배달된다.

셀프 주유하기

미국인들은 자녀가 운전을 시작할 나이가 되면 자동차 타이어를 갈아끼우는 법과 주유하는 법을 가르친다. 한국과 달리 미국에서는 대부분 셀프 주유를 한다. 도로변에 있는 주유소(Gas Station 또는 Service Station)들 가운데 1갤런(gal) 당 가솔린 또는 디젤 가격이 저렴한 곳에 들어가 주유기 앞에 차를 세우고 엔진을 끈 다음 주유하면 된다. 1갤런은 3.785리터다. 주유기에는 가솔린과 디젤 선택 버튼이 함께 있는 경우가 많으므로 주유할 때 주유기를 조심스럽게 살펴야 한다. 보통 주유기에서 선택할 수 있는 무연(Unleaded) 가솔린 등급은 레귤러(Regular), 플러스(Plus), 슈프림(Supreme) 등 세 종류다.

주유소에서 주유하는 방법은 두 가지다. 하나는 주유기에 직접 신용카드를 긁은 후 펌프 노즐을 차량 주유구에 끼우고 펌프 레버를 당겨 원하는 양만큼 주유하는 것이다. 그러면 주유한 양만큼 주유비가 신용카드로 결제된다. 신용카드로 주유비를 결제할 경우 신용카드 비밀번호(PIN Number) 네 자리 또는 우편번호(ZIP Code) 다섯 자리를 입력한다. 또 다른

주유소 주유기

방법은 주유소 카운터에 가서 직원에게 주유기 번호를 말하고 현금으로
주유비를 선지불(Prepaid)하는 것이다. 주유비를 선지불한 후 주유기로 돌
아와 펌프 노즐을 차량 주유구에 끼우고 펌프 레버를 당기면 선지불한 양

만큼 채워진 후 자동적으로 주유가 멈춘다. 주유가 끝난 후에는 펌프 노즐을 원래 위치에 놓는다. 만약 선지불한 양보다 주유가 적게 되었을 경우에는 주유소 카운터에 가서 차액을 돌려받는다.

교통사고 시 대처법

교통사고를 당하면 사고 현장에서 상대방 운전자와 언쟁하지 않도록 한다. 경황이 없더라도 일단 침묵을 지키는 것이 좋다. 미안한 마음에 "I'm sorry"라는 말을 하면 나중에 낭패를 볼 수 있다. 과실이 정확히 결정되지 않은 상황에서 그런 말을 하는 것은 "사고 책임이 나에게 있다"라는 의미로 해석되기 때문이다.

사고가 나면 상대 운전자와 운전면허증과 자동차 보험증을 교환하고 경찰이 올 때까지 기다리면 된다. 경미한 사고라도 경찰을 불러 사고 관련 보고서(Police Report)를 남겨야 나중에 가해자와 피해자가 바뀌는 일이 없다. 교통사고 시 경찰을 부르는 번호는 응급 전화번호인 911이다. 911에 전화를 걸면 다친 곳은 없는지, 앰뷸런스가 필요한지 물어본다. 다친 곳이 없으면 경찰차만 부르면 된다. 사고 지점에 도착한 경찰은 사고 차량 운전자들을 각각 불러 진술을 받은 후, 경찰차로 돌아가 사고 관련 보고서를 작성한다. 경찰이 작성한 사고 관련 보고서는 나중에 경찰서에 가서 복사할 수 있다. 교통사고 후 가입한 보험사에 전화나 인터넷으로 사고 접수를 하면, 이후 사고 처리는 보험사에서 진행한다.

스쿨버스 STOP 표지판

스쿨버스 앞쪽과 뒤쪽의 노란 깜빡이등이 켜지는 것은 학생들의 승하차를 위해 곧 정지한다는 신호다. 이때 스쿨버스 주변의 차들은 속도를 줄이고 스쿨버스를 추월해서는 안 된다. 노란 깜빡이등 점멸 후 빨간 깜빡이등이 켜지고 정지 표지판(Stop Arm)이 펼쳐지는 것은 학생들이 승하차한다는 신호다. 정지 표지판이 펼쳐지면 모든 방향의 차들은 완전히 정지해야 한다. 아이들이 스쿨버스에서 뛰어나와 갑자기 길을 건널지도 모르는 최악의 상황을 가정하기 때문이다.

반대 차선이 중앙 분리대나 장벽으로 완전히 구분되어 있는 도로에서는

스쿨버스의 정지 표지판

반대 차선 차들은 멈추지 않아도 되지만 주의해서 운전해야 한다. 스쿨버스의 빨간 깜빡이등이 꺼지고 정지 표지판이 다시 접힐 때까지 주변 차들은 움직여서는 안 된다. 미국의 모든 주에서 정지 표지판이 펼쳐진 스쿨버스를 추월하는 것은 불법이다. 주마다 차이는 있지만, 이를 위반했을 때에 받는 벌금과 벌점은 다른 교통 위반을 했을 때보다도 큰 편이다.

긴급차량에 통행 우선권 양보

우리나라에서는 사이렌 소리가 시끄럽다는 민원 때문에 사이렌 볼륨을 낮추기까지 한다지만, 미국에서는 그렇지 않다. 그리고 꽤 멀리 떨어진 곳에서도 사이렌 소리를 들을 수가 있다. 미국에 온 지 얼마 안 된 한국인들은 하루에도 몇번씩 들리는 경찰차와 소방차의 사이렌 소리 때문에 불안감을 느낀다고도 한다.

이유야 어떻든 운전하다가 경찰차, 소방차, 구급차의 사이렌 소리가 들리면 통행 우선권을 양보해야 한다. 긴급차량이 완전히 지나갈 때까지 도로 좌·우 가장자리로 이동해 차를 멈추고 기다려야 한다. 주마다 차이는 있지만 긴급차량이 지나가는데 길을 비켜주지 않으면 벌금을 내거나 구류당한다.

교통 법규 위반 시 대처법

미국에서는 운전 중 신호위반이나 속도위반으로 경찰에 걸리면, 경찰차가 경광등을 켜고 자신의 차 뒤로 따라온다. 이때에는 차량을 도로 오른쪽 가장자리로 접근해 정차시키고 경찰이 운전석 창가로 와서 면허증을 요구할 때까지 양손을 핸들에 올려놓고 기다려야 한다.

만약 도로변에 즉시 차를 안전하게 정차시킬 수 없는 상황이라면, 차를 곧 세우겠다는 뜻을 전달할 수 있을 정도로 속도를 줄인 후 가까운 주유소나 상점 주차장에 진입해 주차한다. 경찰 명령이 없는데도 불구하고 차량 밖으로 나오거나 손을 주머니에 넣어 총을 꺼내는 듯한 행동을 취하는 것은 매우 위험하다. 우리나라에서는 경찰이 딱지를 떼려고 하면 경찰과 말싸움을 하거나, 심지어 경찰을 폭행하는 운전자들이 있다. 하지만 미국에서 경찰을 폭행하면 경찰이 쏜 총에 맞아 죽을 수 있다. 이런 경우 경찰의 발포가 과잉 진압인 것인지 정당방위인 것인지는 법원에서 결정된다. 그리고 대부분 경찰의 정당방위로 판결이 난다.

경찰의 결정이 부당하다고 생각한다면 당시 상황을 사진으로 남겨 놓는 등 근거 자료를 준비한 후 법원에서 판사와 얘기하면 된다. 정당한 절차를 통해 자신의 권리를 찾기에 익숙한 미국 사회에서는 변호사를 고용하여 재판에 참석하는 일이 흔하다.

3. 건강 관련 매뉴얼

의료보험 가입하기

미국의 의료 수준은 세계 최고지만, 의료비는 우리나라와 비교할 수 없을 정도로 비싸다. 의료비가 비싸기 때문에 의료보험료도 덩달아 비싸다. 의료보험 보장 항목에서 보험기간(Policy Year) 동안 가입자 공제 금액(Deductible)이 1,000달러 이하고, 가입자 부담 최대 의료 비용(Out-of-Pocket Maximum)이 5,000달러 이하인 혜택이 좋은 의료보험은 연간 보험료가 우리나라 돈으로 200만 원이 넘는다. 직장 보험 가입자가 아니라면 4인 가족 의료보험료만 연간 1000만 원 가량이다.

물론 미국에도 사회보장 형태의 공적 의료보험이 있다. 연방 정부가 65세 이상 노인들과 특정 질병 및 장애를 가진 사람들에게 의료 혜택을 제공하는 메디케어(Medicare)와, 연방 정부와 주 정부가 공동으로 저소득층과 장애인에게 의료 혜택을 제공하는 메디케이드(Medicaid)가 있다.

하지만 미국에 단기간 거주하는 유학생이나 교환방문자, 여행자들은 메디케어와 메디케이드 혜택을 받을 자격이 없다. 그러므로 미국에 거주하는 동안에는 보험료가 비싸더라도 의료보험을 구입하는 것이 낫다. 물론 한국에서 출국하기 전에 해외 유학생보험 등에 가입한 뒤 가는 방법도 있다.

미국의 의료보험은 한국의 공적 의료보험과 달리 대부분 민간 의료보험이다. 민간 의료보험에 가입할 때에는 우선적으로 HMO(Health Maintenance Organization) 보험에 가입할지, PPO(Preferred Provider Organization) 보험에 가입할지 선택해야 한다. HMO는 주치의를 선정하고 특정 질환(안과, 피부과, 비뇨기과, 정형외과 등)에 대한 전문 치료가 필요한 경우 주치의를 통해 보험회사의 사전 승인을 받아야 보험 혜택을 받을 수 있는 보험이다. 반면 PPO는 주치의를 지정할 필요 없이 보험회사와 계약된 의료 기관(Preferred Provider) 중에서 어느 곳이나 이용할 수 있는 보험이다.

미국 대학에 공부하러 온 유학생과 배우자는 학교에서 지정한 민간 의료보험에 가입하는 것이 좋다. 미국 대학(원)생들은 등록금에 의료보험비가 포함되어 있어 학교와 연계된 보험회사 보험에 가입되는 경우도 많다. 유학생의 배우자와 자녀는 따로 민간 의료보험에 가입해야 한다. 그런데 일반적으로 학교 보험이 외부 보험보다 혜택이 많고 이용할 수 있는 병원들도 많다.

병원 이용하기

미국의 병원은 크게 종합병원(General Hospital)과 개인 병원(Doctor Office), 예약 없이 진찰받을 수 있는 워크인 클리닉(Walk-in Clinic)과 응급 치료 클리닉(Urgent Care Clinic)으로 나눌 수 있다.

종합병원에서 전문 진료를 받으려면 우선 개인 병원 가정의(Family Doctor 또는 Family Physician)나 워크인 클리닉, 응급 치료 클리닉 의사에게서 1차 진료를 받아야 한다. 1차 진료 후 전문 치료나 수술이 필요하다면 의사의 진료 의뢰서(Referral)를 받고 종합병원에 예약해야 진료를 받을 수 있다.

미국은 '가정의' 시스템이 잘 확립된 나라다. 자신과 가족 모두의 건강 상태를 잘 아는 가족 주치의가 지속적으로 건강을 관리하면서 포괄적으로 치료해 주는 시스템이 '가정의' 제도다. 미국에서 자녀를 학교나 어린이집에 보내려면 반드시 '가정의'의 이름과 연락처를 기입해야 한다. '가정의'는 집에서 가까운 개인 병원의 의사를 '가정의'로 직접 선택해 신청하고, '가정의'가 그 선택에 동의하면 선정되는 형태로 지정된다. 어떤 의사를 '가정의'로 선택할지 모르겠다면 이웃이나 자녀와 같은 학교에 다니는 아이의 부모에게 물어보는 것이 좋다. 만약 '가정의'가 마음에 들지 않는다면 다른 '가정의'로 교체할 수 있다.

미국의 병원 시스템은 예약제다. 개인 병원도 예약을 해야만 진료를 받을 수 있다. 예약을 해도 2~3주 후에 진료를 받을 수 있는 경우가 다반사다. 하지만 앞서 말했듯이 워크인 클리닉과 응급 치료 클리닉은 예약 없이 가도 진료를 받을 수 있다. 미국에서는 보통 예방접종이나 감기처럼 가벼운 질병인 경우 워크인 클리닉을 이용한다.

워크인 클리닉은 대형 약국 체인인 월그린(Walgreens)이나 씨브이에스(CVS Pharmacy) 스토어, 또는 대형마트 안에 있다. 워크인 클리닉은 의사가 아니라 의사 보조사(PA: Physician Assistant)와 간호사가 진료를 하는 경우가 많다. 생명에 지장은 없지만 응급 치료가 필요하다면 가까운 응급 치료 클리닉을 찾는 것이 좋다. 보통 응급 치료 클리닉은 간호사가 아닌 의사가 진료한다. 엑스레이 장비와 혈액 검사 시설 등도 잘 갖춰져 있기 때문에 진료비가 워크인 클리닉보다는 비싼 편이다.

만약 생명이 위급한 상황이라면 종합병원이나 대학 병원 응급실에 가도록 한다. 응급 전화번호인 911에 전화를 걸어 구급차를 요청할 수 있다. 다만 구급차를 부르거나 응급실을 이용할 경우 큰 비용을 지불해야 한다.

약국 이용하기

미국에서는 의약분업이 시행되고 있다. 항생제를 비롯한 전문의약품은 의사 처방전(Prescription)이 있어야 약국(Pharmacy)에서 구입할 수 있다. 처방전은 우리나라처럼 종이로 인쇄된 것은 물론, 이메일과 전화로도 받을 수 있다. 감기약이나 해열제, 진통제, 소화제와 같은 일반의약품은 의사 처방전 없이도 약국에서 쉽게 구입할 수 있다. 때문에 미국인들은 심각한 병이 아니면 병원에 가지 않고 약으로 버티는 경우가 많다.

미국의 약국 시스템은 다른 나라들보다 훨씬 발달해 있다. 세계 최대의 약국 체인인 월그린과 씨브이에스는 미국 전역에 각각 8,000개 이상의 스토어를 가지고 있다. 또한 미국의 자동차 문화 특성상 패스트푸드점인 맥도널드처럼 차에서 내리지 않아도 약을 타갈 수 있는 '드라이브 스루(Drive-thru)' 시설도 잘 갖춰져 있다. 월그린과 같은 대형 약국 스토어에는

월그린

약사가 약을 조제하는 구역 앞 진열대에 수백 종 이상의 일반의약품들이 전시되어 있다. 대형 약국 스토어는 의약품뿐만 아니라 화장품, 치약과 같은 생필품과 식음료, 문구류 등도 함께 판매한다. 그래서 그 규모가 웬만한 슈퍼마켓보다 크다. 또한 처방전이 필요 없는 일반의약품들은 월마트 (Wal-Mart)나 코스트코(Costco)와 같은 대형할인마트에서도 언제든지 쉽게 구입할 수 있다.

4. 은행 관련 매뉴얼

은행 계좌 개설하기

미국에서 체류 시 빠른 시일 내에 은행 계좌(Account)를 개설하는 것이 좋다. 계좌를 개설해야 생활비와 학비 등을 한국에서 송금받아 쓸 수 있기 때문이다. 미국에서 은행 계좌를 개설하는 것은 어렵지 않다. 계좌를 개설할 은행(예: Bank of America, Citi Bank)을 결정한 후, 합법적인 체류를 증명할 수 있는 서류(여권, 미국 비자, I-20 등)를 가지고 은행에 가서 계좌를 개설한다.

미국의 은행들은 토요일에도 문을 연다. 은행 입구에 들어서서 계좌를 개설하러 왔다고 말하면 은행원이 자세히 안내해 줄 것이다. 은행 계좌의 종류에는 수시로 입출금을 할 수 있는 당좌 계좌(Checking Account)와 저축 계좌(Savings Account)가 있다. 은행 계좌를 개설하면 우리나라의 체크 카드와 기능이 유사한 데빗 카드(Debit Card)와 개인 수표(Personal Check)를 발급해 준다. 데빗 카드는 통장 잔고 한도 내에서 돈을 인출할 수 있는 체크 카드로, 보통 식당이나 마트, 상점 등에서 계산할 때 사용한다. 현금 자동 인출기(ATM)에서 현금을 인출해 쓸 수도 있다.

미국 은행에서는 계좌를 개설해도 우리나라 은행처럼 종이 통장을 만들

뱅크 오브 아메리카

어 주지 않는다. 대신 정기적으로 입출금 내역이 기입된 은행 거래 내역서 (Bank Statement)를 우편으로 보내 준다. 은행 계좌에는 잔액이 일정량 이상 유지되어 있어야 계좌 유지 수수료를 물지 않는다. 따라서 한국으로 영구 귀국할 경우에는 은행 계좌를 해지하는 것이 좋다.

은행 잔고를 넘어서 신용 거래를 하거나 개인 수표를 쓰면 초과 한도 인출 수수료(Overdraft Fee)나 부도 수표 수수료(Bounced-check Fee)가 계좌에서 자동으로 빠져나간다. 이는 신용 점수에 좋지 않은 영향을 끼치기 때문에 주의해야 한다.

거래 외국환 은행 지정 및
외화 통장 개설하기

미국에서 은행 계좌를 개설한 후에는 인터넷 뱅킹으로 한국의 외화 계좌에서 미국 은행 당좌 예금 통장으로 온라인 계좌 이체를 할 수 있다. 예를 들어 미국 유학이나 어학 연수에 필요한 학비와 생활비를 한국에서 미국으로 송금하려면, 미국에 오기 전에 한국에서 거래 외국환 은행을 지정해야 한다. 이는 앞으로 이 은행을 통해서만 해외 송금을 하겠다고 지정하는 것이다. 유학생의 경우 거래 외국환 은행을 지정하면 연간 10만 달러까지 국세청 통보 없이 유학생 송금을 할 수 있다. 송금의 주체가 본인인 경우, 자신의 주거래(예: 급여 이체)은행에서 유학생 계좌 등록을 하면 따로 통장을 개설하지 않아도 된다. 유학생 계좌를 등록하려면 여권과 입학 허가서(I-20)가 필요하다. 유학생 계좌를 등록하면, 대부분 송금 수수료를 우대받을 수 있다.

위와 같이 거래 외국환 은행 지정(유학생 계좌 등록)을 한 후, 외화 통장을 개설한다. 외화 통장에 온라인 인출 계좌 등록을 하면, 본인이 직접 인터넷 뱅킹을 통해 원화로 달러를 구입할 수 있다. 이처럼 외환 거래(FX Trading)를 이용하면 영업점을 방문할 필요 없이 온라인으로 편리하게 외환 거래를 할 수 있다. 예컨대 환율이 낮을 때 인터넷 뱅킹을 통해 미리 원화로 달러를 사서 외화 통장에 입금하고, 나중에 등록금을 납부하거나 큰돈이 필요할 때 인터넷 뱅킹으로 외화 통장에서 미국 은행(예: BOA, Citi) 통장으로 송금하면, 환율 변동에 따른 손해를 줄일 수 있다.

외환 거래
(FX Trading)

외화 송금

외환 거래와 외화 송금

한국에서 미국 은행 통장으로 송금하면 하루 정도의 시간이 소요된다. 때문에 송금 기간을 고려해서 필요한 금액을 미리 송금하는 것이 좋다. 미국에 도착하자마자 바로 주택 임대, 자동차 구입 등을 위해 큰 돈을 써야 한다면 한국에서 직접 여행자수표를 가져오는 것도 좋은 방법이다.

외국환 거래 규정 제4-5조 ②

② 해외 체재자 및 해외 유학생이 해외 여행 경비를 지급하고자 하는 경우에는 거래 외국환 은행을 지정하여야 하며, 해외 체재 또는 해외 유학을 입증할 수 있는 서류를 제출하여야 한다. 다만, 해외 유학생은 이후에도 매 연도별로 외국 교육기관의 장이 발급하는 재학 증명서 등 재학 사실을 입증할 수 있는 서류를 제출하여야 한다.

개인 수표(Personal Check) 사용하기

미국인들은 현금을 지갑에 많이 넣고 다니지 않는다. 신용카드나 데빗 카드를 주로 사용하고 현금은 소액만 갖고 다닌다. 대신 한국의 가계 수표와 비슷한 개인 수표(Personal Check)를 주로 사용한다. 개인 수표는 잃어버리거나 잘못 전달되더라도 다른 사람들이 사용할 수 없고 보상도 확실한 안전한 거래 방법이다. 분실 시 수표 번호를 은행에 알려 주면 지불 정지를 신청할 수 있다. 또 수표 거래 기록이 남기 때문에 미국에서는 현금 거래보다 수표 거래를 선호한다. 현금 자동 인출기(ATM)와 드라이브 스루 (Drive Thru)를 통해서도 개인 수표를 입금할 수 있다. 입금된 수표의 스캔 이미지를 인터넷 뱅킹으로 확인할 수 있다. 심지어 개인 수표를 스마트폰 으로 찍어서 입금할 수도 있다.

미국에서는 대부분의 상점에서 개인 수표를 사용할 수 있다. 또 가스 요 금이나 전기 요금과 같은 공과금도 우편으로 개인 수표를 보내 납부할 수 있다. 개인이 직접 발행하는 수표를 한국 사람들은 사용해 본 적이 거의 없기 때문에, 미국에서 수표를 쓰거나 받을 때 당황하는 경우가 많다. 개 인 수표가 처음에는 좀 낯설지만 몇 번 사용하다 보면 현금처럼 편하게 사 용할 수 있다.

개인 수표에는 수표 발행자인 본인의 이름과 주소, 은행 고유 번호 (Routing number), 은행 계좌 번호(Account number), 일련번호(Check number)가 인쇄돼 있다. 개인 수표를 사용할 때는 수표 수취인의 이름 또 는 기관명, 수표 지급일, 지급액, 지급 용도를 기입한 후 서명란에 사인을 해서 수취인에게 주면 된다. 지급 용도는 기입하지 않아도 된다.

5. 상점 관련 매뉴얼

팁, 대체 얼마를 줘야 하나?

좌석에 앉아 식사하는 레스토랑에서는 식사 금액의 15~20퍼센트 정도를 팁으로 주는 것이 일반적이다. 보통 점심때는 15퍼센트, 저녁때는 20퍼센트 정도를 팁으로 준다. 물론 서비스의 질에 따라 팁의 액수는 달라질 수 있다. 현금으로 음식값을 계산할 경우 팁을 테이블 위에 놓는다. 신용카드로 음식값을 결제할 경우에는 계산서에 따로 팁의 금액을 적는다. 세금과 팁이 붙은 총 지불 액수를 계산해 보면 미국에서의 외식비는 결코 만만치 않다는 것을 알 수 있다.

미국은 '각자 내기(Dutch pay)'가 자연스러운 나라다. 밥 먹자고 말한 사람이 밥값을 내거나, 계산대 앞에서 서로 자기가 밥값을 내겠다며 옥신각신하는 문화가 아니다. 각자 먹고 싶은 음식을 주문하고 각자 계산하는 것을 당연하게 생각한다. 여러 명이 함께 식사를 하는 경우 종업원은 "같이 계산을 하실 건가요? 아님 따로 계산을 하실 건가요?(One check? Or Separate checks?)"라고 묻는다. 따로 계산한다고 말하면 계산서를 따로 가져다준다. 음식값을 각자 계산할 경우에는 팁도 각자 주면 된다.

모든 음식점에서 팁을 줘야 하는 것은 아니다. 계산서에 팁이 자동적으

```
Check Amount        31.88


Tip Not Included. Suggested tip amounts
are provided for your convenience.
------------------------------------
Suggested tip amounts        20% - $6.38
are based on total           18% - $5.74
including any tax.           15% - $4.78
------------------------------------


┌──────────────────────────────────────┐
│ Tip.....   _____   │
└──────────────────────────────────────┘

Total...   _____


X
Cardmember agrees to pay total in
accordance with agreement governing
use of such card.
```

레스토랑 영수증의 팁(Tip) 적는 곳

로 포함되어 있는 경우 팁을 주지 않아도 된다. 음식을 테이블로 서빙해
주지 않는 패스트푸드점이나 푸드 코트에서, 그리고 포장 음식(Take-out)
을 먹을 경우에는 팁을 주지 않아도 된다.

배달 음식의 경우는 어떨까? 미국은 한국처럼 배달 음식 문화가 발달
되어 있지는 않다. 하지만 미국 내에서도 피자는 대표적인 배달 음식이다.
피자를 배달시킬 경우 배달원에게 2~5달러 정도의 팁을 주는 것이 관례
다. 물론 팁을 아끼고 싶다면 직접 주문한 가게에 가서 피자를 가져오면
된다.

호텔에 투숙할 경우, 아침에 객실을 방문해 청소하는 룸메이드(객실 정

비원)에게는 매일 2~3달러가량을 팁으로 준다. 팁은 호텔방을 나올 때 침대나 테이블 위에 놓고 나오면 된다. 최근에는 객실에 팁을 넣어 두는 봉투를 비치하는 호텔들도 늘고 있어 비판의 대상이 되기도 했다. 주차 서비스를 받을 경우에는 2~5달러를, 벨 보이가 가방을 옮기는 것을 도와줄 경우에는 가방 한 개당 1달러 정도의 팁이 적당하다. 룸서비스를 받을 경우 웨이터에게 식사 금액의 15퍼센트 정도를 팁으로 준다. 호텔에서 운영하는 셔틀버스를 타고 공항에 가거나 호텔로 올 경우, 운전기사에게 1~2달러의 팁을 준다.

택시를 이용할 경우, 레스토랑과 마찬가지로 요금의 15~20퍼센트 정도를 팁으로 준다. 택시 기사가 가방을 직접 실어 줄 경우에는 가방 한 개당 1달러씩 추가로 팁을 준다. 미용실이나 이발소에서는 요금의 15~20퍼센트 정도 팁을 준다. 연말에 아파트 관리인, 신문배달원, 환경미화원에게 1년간의 고마움을 표현하기 위해 1년치 팁을 주는 연말 팁(Holiday Tip)도 있다.

가격표에 표시되지 않는 세금

백화점이나 할인마트, 일반 상점 등에서 파는 상품의 가격표에는 대개 세금이 포함되어 있지 않다. 카운터에서 계산할 때 자동으로 판매/사용세(Sales and Use Tax)가 부가된다. 그렇기 때문에 가격표에 적혀 있는 금액만 보고 무턱대고 쇼핑했다가는 낭패를 볼 수 있다. 연방주의 국가인 미국에

```
*************** SALE ***************

T  2006241 M  9.0            119.90
   Harding Black M/T Ve
T  9300250                     7.00
   Black Tube

   Subtotal                  126.90
   37215 Tax      @  9.250    11.74

   TOTAL                     138.64

   Debit Card                138.64
```

테네시 주 상점에서 판매/사용세
(9.25퍼센트)가 포함되어 나온 영수증

서는 주마다, 카운티마다, 시마다 판매/사용세 비율이 다르다. 알래스카, 델라웨어, 몬타나, 뉴햄프셔, 오리건 주처럼 판매/사용세가 없는 주도 있다. 하지만 보통 상품 가격의 5~10퍼센트가량의 판매/사용세가 붙는다.

2014년 기준으로 캘리포니아 주의 알파인 카운티는 판매/사용세가 7.5퍼센트이고, 샌프란시스코 카운티는 8.75퍼센트다. 예를 들어 가격표에 100달러로 표시된 옷을 알파인 카운티에서 구매하면 카운터에서 107.5달러를 계산해야 한다. 반면 동일한 가격표의 옷을 샌프란시스코에서 구매하면 108.75달러를 계산해야 한다. 미국에서 세금 징수 권한은 연방 정부와 주 정부, 지방 정부가 공유한다. 주마다 세금 비율이 다르고, 해마다 그 비율이 조금씩 달라지기도 한다.

쇼핑 천국 미국의 쿠폰

인구가 3억 명이나 되는 미국은 쇼핑 천국이다. 물론 어디에서는 제값을 주고 물건을 사거나 서비스를 이용하는 것은 당연한 일이다. 그렇지만 미국에서는 이렇게 하면 '바보' 소리 듣기 십상이다. 백화점, 대형마트, 레스토랑, 상점 등 대부분의 소매업체와 식품 업체, 서비스 업체에서는 할인 쿠폰을 발행한다. 온라인상에도 그루폰(Groupon)과 같은 쿠폰 업체들과 쿠폰 공유 사이트가 많기 때문에, 오프라인에서든 온라인에서든 쿠폰을 검색해 보고 활용하는 것이 생활의 지혜다. 또 쿠폰이 일상화된 나라이기 때문에 쿠폰을 사용할 때 눈치 볼 필요가 없다. 제값을 주고 산 물건이라도

집으로 배달된 쿠폰 우편물

뉴욕 맨해튼의 메이시스 백화점

2009년 우리나라 신세계 백화점 센텀시티가 세계 최대 백화점으로 기네스 세계 기록에 오르기 전까지, 뉴욕 맨해튼의 메이시스(Macy's) 백화점은 세계에서 가장 큰 백화점이었다.

후에 물건을 쿠폰과 함께 다시 가져가면 할인해 주는 경우도 있다. 미국에서는 쿠폰만 잘 사용해도 꽤 큰돈을 절약할 수 있다. 입장권과 외식비까지 쏠쏠하게 할인해 주므로 만약 여행을 계획하고 있다면 쿠폰은 필수 아이템이다. 쿠폰이 불필요한 소비를 부추기기도 한다는 점은 기억해 두자.

특히 미국 추수감사절(11월 넷째 주 목요일) 다음 날인 금요일부터 시작되는 미국 최대의 할인 행사 '블랙 프라이데이(Black Friday)' 시즌에는 파격적인 할인이 진행된다. 30~40퍼센트 할인 판매는 기본이고 90퍼센트까지 할인하는 경우도 있다. 연중 처음으로 적자에서 흑자(Black Ink)로 전환되는 날이라는 블랙 프라이데이라는 이름의 유래에서 알 수 있듯이, 이 기간은 미국인들의 소비가 집중되는 때다. 그래서 소매업자들이 1년 중 가장 높은 매출을 기록하는 때이기도 하다. 한국에서는 해외 직접 구매가 흔해지면서 국내 업체들이 긴장하는 기간이 되기도 했다.

또한 미국에서는 상품을 구입한 후 환불하는 것이 까다롭지 않다. 상품에 따라 차이는 있지만 보통 30일 이내에는 환불이 가능하다. 상품을 사용했든 사용하지 않았든 상관하지 않고 환불이나 교환을 해주는 판매점이 대부분이다. 물론 이런 점을 악용해 물건을 몇 개월 동안 사용한 후 반복적으로 반품하는 진상 고객들도 있다.

휴대폰 개통

미국에 정착하면서 주택과 자동차, 은행 계좌 문제를 해결했다면, 휴대폰을 개통해야 한다. 기존에 한국에서 쓰던 휴대폰을 계속 사용하고 싶다면 유심 칩(USIM Chip)을 구매하여 교체한다. 그렇지 않을 것이라면 기기를 새로 구매한다. 휴대폰 개통 시 기기 가격, 신호 세기 등을 비교하여 AT&T, 버라이즌(Verizon), 스프리트(Sprint), 티모바일(T-Mobile) 등과 같은 통신사를 결정한다. 휴대폰 요금제에 가입할 때에도 사회 보장 번호와 신용 점수가 없다면 보증금을 요구한다.

6. 대인 관계 매뉴얼

눈을 맞추며 대화, 눈이 마주치면 인사

한국인들은 눈을 마주치며 이야기하는 것을 어색해한다. 하지만 미국에서는 대화를 할 때 상대방과 눈을 맞추지 않고 이야기하는 것은 예의에 어긋나는 행동이다. 눈길을 피하면 자신감이 없어 보일 뿐만 아니라, 상대방한테 무언가를 숨기거나 거짓말을 하고 있는 듯한 인상을 줄 수 있다.

시선을 맞추며 대화하는 에티켓 못지않게 중요한 매너가 눈이 마주쳤을 때 나누는 인사다. 보통 미국인들은 길이나 지하철에서 다른 사람과 눈이 마주치면 입가에 미소를 띠며 "How are you?", "Hello!", "Hi!"라고 인사한다. 미국인들이 의례적으로 인사를 했을지라도 무표정한 얼굴로 아무런 대꾸도 하지 않는 것은 바람직하지 않다. 한국인들은 모르는 사람과 웃고 인사하는 것이 익숙하지 않아서 눈이 마주치면 피해버리거나 당황해 하기 일쑤다. 이러한 사정을 모르는 미국인들은 한국인들이 무뚝뚝하고 무섭다는 오해를 하는 경우가 많다. 인사를 받으면 가볍게 "Good!"이라고 하거나, 인사를 건넨 사람과 똑같이 "How are you?", "Hello!", "Hi!"라고 답해 보자.

스몰토크

미국인들은 언제 어디서나 일면식도 없는 사람들과 가벼운 대화, 즉 '스몰토크(Small Talk)'를 즐긴다. 마트 계산대에서 점원과 지난밤 미식축구 경기에 대해 이야기를 한다든가, 버스 정류장에서 버스를 기다리면서 옆에 서 있는 사람과 날씨에 관한 대화를 주고받는다. 대개 처음 본 사람들과는 어색한 분위기를 깨기 위해 이렇듯 스몰토크를 한다. 스몰토크는 알맹이 없는 잡담이지만 인간 관계의 윤활유가 된다. "That's awesome(저거 대단하네요)", "Tell me more(제게 더 말씀해주세요)"와 같은 짧은 말과 함께 약간의 과장된 리액션으로도 호의적인 분위기를 만들 수 있다.

필자가 우체국에 소포를 부치기 위해 줄을 서 있었을 때의 일이다. 바로 뒤에 서 있던 여성이 "나는 당신 가방을 정말 좋아해요(I really like your backpack)!"라며 뜬금없이 말을 건넨 적이 있다. 당시엔 당황해서 아무 말도 못했는데, 지금 생각해 보니 그것이 바로 어색한 분위기를 깨기 위한 미국인의 스몰토크였다.

일반적으로 학교나 직장, 파티에서 안면이 있는 사람들과 주고받는 스몰토크는 대화의 분위기를 조성하기 위한 것이다. 혹은 상대방과 심리적 거리감을 줄이기 위해, 상대방을 알아가기 위해 한 걸음씩 다가가는 대화의 방식이다. 앞서 말했듯이 미국인들은 개인의 프라이버시를 중요하게 여긴다. 상대방과 친해지고 싶다고 무턱대고 그 사람의 가정사나 정치 성향을 물어보아서는 안 된다. 날씨나 스포츠, 영화, 드라마, TV쇼 이야기처럼 부담 없는 이야기로 시작해서 차근차근 상대방을 알아 가는 것이다. 그렇기에 스몰토크는 상대방이 자신과 잘 맞는 사람인지, 또는 앞으로 친구로 지낼 수 있는 사람인지, 일종의 간을 떠 보는 대화 기술이라고 할 수 있다. 만약 상대방과 코드가 안 맞는다고 생각되면 "여하튼 좋은 시간되세요." 하면서 대화를 끝낼 수 있는 것이 스몰토크다. 이와 반대로 가벼운 잡담으로 서로의 마음이 열리기 시작했다면 깊은 대화로 이어질 수 있다.

사적 공간과 사적 생활을 중시하는 미국인

미국인들은 사적 공간을 중요하게 여긴다. 미국인들과 대화를 나눌 때는 상대방이 안정감을 느낄 수 있는 거리(Comfort Zone), 보통 한 발자국 정도 떨어진 거리에서 바라보고 이야기하는 것이 좋다. 거리를 지나가다 미국인과 몸이 살짝 스친 정도라고 해도 바로 "Sorry"라고 말하지 않으면 미국인들은 불쾌해 할 것이다. 친하다고 해서 얼굴을 맞댈 정도로 가까이에서 얘기하는 것도 상대방에게 불편함을 줄 수 있다.

도로나 주택가를 지나가다 보면 'No Trespassing(무단 출입 금지)'이라는 경고 표지판을 쉽게 볼 수 있다. 이곳은 사유지니 담이나 울타리가 없더라도 횡단하거나 출입하지 말라는 의미다. 이를 무시하고 출입한다면 무단 침입으로 고소당하거나 신체에 심각한 상해를 입을 수 있다.

미국에서는 퇴근 시간 이후의 프라이버시도 꽤 중요하게 여긴다. 미국 직장인들은 상사와의 업무 외적인 관계보다 일에 집중하며, 회식은 업무의 연장이 아닌 친한 사람들끼리 즐기는 시간으로 여긴다. 퇴근 시간 이후

무단 출입 금지 표지판

회사에서 온 전화에 신경이 곤두선 경험이 있다면 이러한 미국의 문화가 부러울 수 있다. 물론 정보통신의 발달로 곧잘 발생되는 사생활 침해 문제는 미국도 피해갈 수 없다. 다만 이 문제를 얼마나 심각하게 받아들이느냐의 차이는 크다. 미국에는 퇴근 후 이메일을 보낼 수 없다는 방침을 정해 놓은 기업들도 있다.

소소하지만 큰 배려

미국도 대도시는 좀 각박하다지만, 대체로 미국인들은 모르는 사람에게도 친절하다. 어디에서나 "After you(먼저 하세요)"라고 말하며 기다려 주는 사람들을 볼 수 있다. 건물 안으로 문을 열고 들어가거나 밖으로 나갈 때 뒤따른 사람이 있다면 먼저 출입하도록 문을 잡아 주는 것이 에티켓이다. 다른 사람이 문을 잡아 줬다면 "Thank you" 하고 간단하게 인사하자. 엘리베이터를 타고 내릴 때에도 마찬가지다. 엘리베이터 버튼 패널 옆에 서 있다면 다른 사람들이 다 타고 내릴 때까지 버튼을 눌러 주는 것이 예의다. 별것 아닌 것 같지만, 이러한 작은 배려가 다른 사람뿐만 아니라 자기 자신의 기분까지 좋게 만든다.

호칭도 소소하지만 상대방에 대한 큰 배려다. 미국에서는 격식을 갖추지 않고 상대방의 이름이나 별명을 부르는 것이 자연스러운 것은 사실이다. 하지만 처음 만난 사람이나 연장자의 경우, 남성의 성 앞에는 'Mr.', 미혼 여성의 성 앞에는 'Miss', 기혼 여성의 성 앞에는 'Mrs.', 결혼 여부를 모르는 여성의 성 앞에는 'Ms.'라는 존칭을 붙여 부르는 것이 예의다. 또 상대방의 이름을 모르는 경우 여성에게는 'ma'am', 남성에게는 'sir'라는 경칭을 사용함으로써 상대방을 존대할 수 있다.

홈 파티 참석 에티켓

약속 시간을 엄수하는 것은 미국에서 불문율이다. 특히 비즈니스 미팅 같은 경우, 시작 시간과 끝나는 시간이 매우 엄격하다. 약속 시간보다 늦게 도착하면 무례하거나 책임감이 없는 사람으로 여긴다. 하지만 시간 엄수 문제에 있어서도 예외는 있다. 그것은 바로 홈 파티, 즉 집으로 초대받은, 격식을 차리지 않는 파티에서다. 와인파티나 칵테일파티와 같이 집에서 여는 파티의 경우, 파티 시간 이전에 도착하는 것이 오히려 예의에 어긋난다. 파티 시작 시간보다 5~10분 정도 늦게 도착하는 것이 파티를 주관한 집주인에 대한 배려다.

파티에 갈 때는 와인이나 꽃, 파이 등 부담스럽지 않은 선물을 가져가는 것이 좋다. 체면을 중시하는 우리나라 사람들은 상대방의 집을 방문할 때 들고 가는 선물의 가치로 자신을 드러내기도 한다. 하지만 미국에서는 꽃 한 송이를 가져가더라도 위축될 필요가 전혀 없다. 미국인들은 파티 참석자들과 함께 대화를 즐기는 것에 의미를 둔다. 선물이나 음식에는 크게 신경 쓰지 않으므로 부담을 느낄 필요는 없다. 그러나 파티 2~3주 전에 초대장을 받으면 반드시 참석 여부를 알려 주어야 한다. 특히 초대장에 'RSVP[Répondez S'il Vous Plait, 영어로 'Please Reply(답장 부탁드립니다)'의 줄임말]'이 표기되어 있는 경우, 꼭 참석 여부를 알려 주어야 한다.

수십 년간 미국에 사신 분들이나 미국을 학문적으로 연구하신 분들에 비하면, 필자들의 경험과 지식은 알팍하기 그지없다. 그림에도 불구하고 미국에 대한 책을 쓴 이유는 우리들이 경험한 미국이 누군가에게 도움이 되길 바라는 마음에서였다. 우물 안에 앉아서 하늘을 보는 개구리가 된다 하더라도 미국을 한번 정리해보고 싶었다.

이 책은 미국을 사회, 문화, 교육, 역사, 경제, 정치, 자연 등 다양한 측면에서 유기적으로 조명했다. 그럼으로써 미국과 미국인에 대한 균형 잡힌 지식과 상식, 인식을 전하는 데 초점을 맞췄다.

무엇보다 필자들은 미국을 긍정적인 시각으로 바라보고자 하였다. 상대로부터 배울 만한 점을 찾고자 한다면, 그리고 그 배움을 통해 지식과 사고의 폭을 넓히고자 한다면, 부정적인 것보다는 긍정적으로 생각하는 것이 도움이 된다. 물론 어떤 현상을 정확히 이해하고 문제의 핵심 원인을 분석하며 합리적인 해결 방안을 도출할 때에는 비판적 사고가 필요하다. 그렇지만 필자의 경험에 의하면, 이 비판적 사고는 부정적인 감정보다는 긍정적인 감정이 토대가 되었을 때 더 큰 결과와 효과를 낳았다. 그렇기에 이 책에서는 되도록 미국에 대해 긍정적인 시각을 견지하고자 하였다. 미국은 완벽한 나라가 아니다. 하지만 배울 게 많은 나라라는 것은 분명하다.

사람들은 각자의 경험과 생각에 따라 다른 시각으로 세상을 바라보며 이해한다. 누군가는 학자의 관점에서 미국을 말하고, 누군가는 종교인의 관점, 경영자의 관점, 거주민의 관점, 방문객의 관점에서 미국을 이야기한다. 다르다는 것이 틀리다는 것은 아니기에, 다른 시간과 공간에서, 다르게 보고 다르게 말한다는 것은 미국을 보다 다채롭게 경험하고 이해하는데 도움이 된다고 확신한다.

필자들은 미국에 관한 올바른 지식과 정보를 전달하기 위해 책 전반에 걸쳐 미국 정부기관에서 제공하는 자료를 참고했다. 또 미국을 이해하는 데 도움이 되는 서적과 보고서, 인터넷 사이트를 참고했다. 참고한 내용들에 대해서는 출처를 밝히기 위해 노력했다. 하지만 원 출처를 찾기 어려울 정도로 여러 곳에서 인용된 경우, 그 본래의 출처가 어딘지 몰라 표기하지 못한 부분도 있다. 출처가 빠진 부분을 알게 되면 추후 반드시 채워 넣도록 하겠다. 참고한 자료들에 대해 일일이 각주를 달지 못하고 〈참고 자료〉에만 표기한 점에 대해서도 양해를 구한다.

집필을 마치며 이 책의 테스티모니얼을 써주신 분들께 진심으로 감사를 드린다. 쉽지 않은 부탁인데도 흔쾌히 테스티모니얼을 작성해 주신 스물네 분의 도움이 없었더라면 이 책은 결코 세상에 나올 수 없었을 것이다. 또한 귀한 시간을 쪼개어 원고를 읽어 주시고 추천의 글을 써 주신 분들께 깊은 감사의 마음을 전한다. 이 책을 쓰는 동안 힘이 되어 주신 분들(길순암, 김원빈, 이우영, 김한진, 한정미, 이홍직, 김한민, 박은혜, 김창호, 박예진)과, 심혈을 기울여 책을 만들어 주신 한언 출판사 김철종 대표이사님, 장웅진 출판기획팀 팀장님, 장여진 님, 디자인팀 이찬미 님께도 감사드린다. 그리고 미국 생활의 소중한 경험을 나누어 준 미국 내쉬빌 한인교회 교인들(고일신, 함선영, 권순석, 박경아, 나윤선, 김형찬, 김창민, 고은별, 이창선, 방희경, 이재옥, 박일철, 최승원, 김보용, 오세민)에게 고마움을 전한다.

Soli Deo Gloria!

2015년 겨울

저자를 대표하여 김한훈

〈주석〉

1) 켄터키 주 루이빌 방문객 센터(Louisville Visitors Center, Kentucky) 전시 자료

2) 카네기멜론 대학 랜디 포시(http://www.cmu.edu/randyslecture),
   카네기멜론 대학 게이츠 센터(http://www.cmu.edu/corporate/partnerships/gates_center.
   html)

3) 미국 법무부 연방수사국(http://www.fbi.gov/about-us/quick-facts)

4) 미국 의회 도서관(http://www.loc.gov)

5) 미국 내무부 국립공원 관리청(http://www.nps.gov/chsc)

6) 보스턴 라틴 학교(http://www.bls.org)

7) 딥 스프링스 칼리지(http://www.deepsprings.edu)

8) 프리덤 트레일 재단(http://www.thefreedomtrail.org)

9) 미국 내무부 국립공원 관리청(http://www.nps.gov/inde)

10) 토머스 제퍼슨 재단(http://www.monticello.org)

11) 알라모(http://www.thealamo.org)

12) 미국 내무부 국립공원 관리청(http://www.nps.gov/abli)

13) 미국 내무부 국립공원 관리청(http://www.nps.gov/arho)

14) 미국 내무부 국립공원 관리청(http://www.nps.gov/frde)

15) 미국 내무부 개간국(http://www.usbr.gov/lc/hooverdam)

16) 미국 내무부 국립공원 관리청(http://www.nps.gov/wwii)

17) 미국 내무부 국립공원 관리청(http://www.nps.gov/kowa)

18) 미국 국립 문서 보관소(http://www.archives.gov)

19) 미국 백악관(http://www.whitehouse.gov/1600/first-ladies/francescleveland)

20) 미국 연방 의사당 방문객 센터(http://www.visitthecapitol.gov)

21) 미국 내무부 국립공원 관리청(http://www.nps.gov/wamo)

22) 미국 내무부 국립공원 관리청(http://www.nps.gov/linc)

23) 미국 백악관(http://www.whitehouse.gov/about/inside-white-house)

24) 미국 내무부 국립공원 관리청(http://www.nps.gov/feha)

25) 미국 내무부 국립공원 관리청(http://www.nps.gov/stli)

26) 유엔 방문객 센터(http://visit.un.org)

27) 미국 내무부 국립공원 관리청(http://www.nps.gov/thro/learn/historyculture/theodore-roosevelt-and-conservation.htm)

〈서적, 보고서, 논문〉

USA History in Brief. The U.S. Department of State's Bureau of International Information Programs.

U.S.A. History in Brief: Learner English Edition. The U.S. Department of State's Bureau of International Information Programs.

Miller, P. ed. (1982). The American Puritans: Their Prose and Poetry. New York: Columbia University Press.

Tocqueville, Alexis de. (2000). Democracy in America. Chicago: The University of Chicago Press.

OECD. (2014). Education at a Glance 2014: OECD Indicators. OECD Publishing.

Hofstede, G. (1983). National cultures in four dimensions: A research-based theory of cultural differences among nations. International Studies of Management and Organizations, 13(1-2), 46-74.

Price, J. L. (1984). The Super Bowl as Religious Festival. Christian Century, February, 190-191

배종석. (2006). 인적자원론. 홍문사.

김한훈. (2012). 이겨라! 대한민국 직장인. 코리아닷컴.

김한훈 외. (2010). 팀장의 자격. 코리아닷컴.

김한훈 외. (2009). 리얼멘토링. 에딧더월드.

한국교육심리학회. (2000). 교육심리학 용어사전. 학지사.

정상준. (2000). 다문화주의와 소비 문화-소비주의와 미국의 정체성. 미국학, 23, 39-53.

이광우 외. (2011). 창의적 인재 육성을 위한 중등학교 교육 개선 연구. 한국교육과정평가원, 연구보고 RRC 2011-2.

김형근. (2009). 존 윈스롭의 청교도주의적 비전과 미국 정신. 경희대학교 박사학위 논문.

〈인터넷 사이트〉

미국 국립 문서 보관소(http://www.archives.gov)

미국 국무부 국제정보프로그램국(http://www.state.gov/r/iip)

미국 내무부 국립공원 관리청(http://www.nps.gov)

미국 내무부 개간국(http://www.usbr.gov)

미국 상무부 통계국(http://www.census.gov)

미국 법무부 연방수사국(http://www.fbi.gov)

미국 교육부 교육통계센터(http://nces.ed.gov)

미국 국립과학공학통계센터(http://www.nsf.gov/statistics)

미국 국가·지역사회봉사공사(http://www.nationalservice.gov)

미국 의회도서관(http://www.loc.gov)

미국 연방 의사당 방문객 센터(http://www.visitthecapitol.gov)

미국 백악관(http://www.whitehouse.gov)

유엔 방문객 센터(http://visit.un.org)

미국 걸스카우트(http://www.girlscouts.org)

미국 카운티협의회(http://www.naco.org)

OECD 국제학업성취도평가(http://www.oecd.org/pisa)

올드 사우스 협회(http://www.oldsouthmeetinghouse.org)

기빙 유에스에이 재단(http://givingusa.org)

프리덤 트레일 재단(http://www.thefreedomtrail.org)

토머스 제퍼슨 재단(http://www.monticello.org)

알라모(http://www.thealamo.org)

위키피디아(http://www.wikipedia.org)

공통 핵심 국가성취기준(http://www.corestandards.org)

STEM 교육연합(http://www.stemedcoalition.org)

조지프슨 인스티튜트(http://www.josephsoninstitute.org)

연결된 수학 프로젝트(https://connectedmath.msu.edu)

카네기멜론 대학(http://www.cmu.edu)

딥 스프링스 칼리지(http://www.deepsprings.edu)

AP통신(http://www.ap.org)

뉴욕 타임스(http://www.nytimes.com)

월스트리트저널(http://www.wsj.com)

이코노미스트(http://www.economist.com)

포브스(http://www.forbes.com)

뉴스위크(http://www.newsweek.com)

U.S.뉴스&월드리포트(http://www.usnews.com)

블룸버그 폴리틱스(http://www.bloomberg.com/politics)

홉스테드 센터(http://geert-hofstede.com)

세계 대학 순위(http://www.shanghairanking.com)

에밀리 포스트 인스티튜트(http://www.emilypost.com)

한국 교육 개발원 교육 통계 연구 센터(http://cesi.kedi.re.kr)

주한 미국 대사관 인포피디아USA(http://infopedia.usembassy.or.kr)

주한 미국 대사관 아메리칸 센터(http://korean.seoul.usembassy.gov/americancenter.
html)

U.S. Embassy for Kids & Students(http://kids.usembassy.or.kr)

The Path of the U.S.A. 미국의 길

펴 냄	2016년 1월 20일 1판 1쇄 박음	2016년 2월 1일 1판 1쇄 펴냄
지 은 이	김한훈, 강인영, 서기희
펴 낸 이	김철종
펴 낸 곳	(주)한언
등록번호	제1-128호 / 등록일자 1983. 9. 30
주 소	서울시 종로구 삼일대로 453(경운동) KAFFE 빌딩 2층(우 110-310)
	TEL. 02-723-3114(대) / FAX. 02-701-4449
책임편집	장여진
디 자 인	이찬미, 정진희, 김정호
일러스트	한호진
마 케 팅	조남윤, 어윤지
홈페이지	www.haneon.com
e - m a i l	haneon@haneon.com
I S B N	978-89-5596-748-7 04940
	978-89-5596-744-9 (세트)

이 도서의 국립중앙도서관 출판예정도서목록(CIP)은 서지정보유통지원시스템 홈페이지(http://seoji.nl.go.kr)와 국가자료공동목록시스템(http://www.nl.go.kr/kolisnet)에서 이용하실 수 있습니다. (CIP제어번호: CIP2016000754)

한언의 사명선언문

Since 3rd day of January, 1998

Our Mission – 우리는 새로운 지식을 창출, 전파하여 전 인류가 이를 공유케 함으로써 인류 문화의 발전과 행복에 이바지한다.

 – 우리는 끊임없이 학습하는 조직으로서 자신과 조직의 발전을 위해 쉼 없이 노력하며, 궁극적으로는 세계적 콘텐츠 그룹을 지향한다.

 – 우리는 정신적, 물질적으로 최고 수준의 복지를 실현하기 위해 노력 하며, 명실공히 초일류 사원들의 집합체로서 부끄럼 없이 행동한다.

Our Vision   한언은 콘텐츠 기업의 선도적 성공 모델이 된다.

저희 한언인들은 위와 같은 사명을 항상 가슴속에 간직하고
좋은 책을 만들기 위해 최선을 다하고 있습니다.
독자 여러분의 아낌없는 충고와 격려를 부탁 드립니다.

• 한언 가족 •

HanEon's Mission statement

Our Mission – We create and broadcast new knowledge for the advancement and happiness of the whole human race.

 – We do our best to improve ourselves and the organization, with the ultimate goal of surving to be the best content group in the world.

 – We try to realize the highest quality of welfare system in both mental and physical ways and we behave in a manner that reflects our mission as proud members of HanEon Community.

Our Vision   HanEon will be the leading Success Model of the content group.